MARIANNE KELNBERGER

Kartei

zum

Kunstunterricht

Jahrgangsstufe 3

ISBN 3-89291-**141**-X

MARIANNE KELNBERGER

Kartei zum Kunstunterricht

Jahrgangsstufe 4

Inhaltsverzeichnis

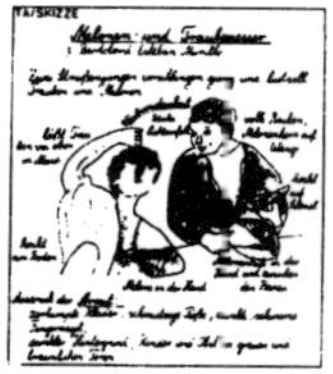
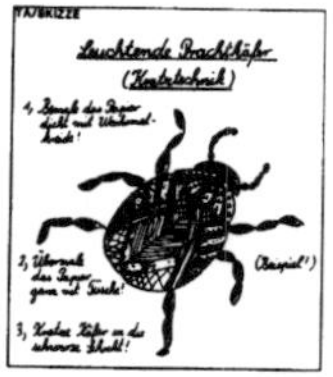

VORWORT

Der Kunstunterricht in der Grundschule stellt den Lehrer vor die Aufgabe, dem Schüler die Vielfalt der künstlerischen Gestaltungsmöglichkeiten nahezubringen.

Die vorliegende Kunstkartei ist eine Überarbeitung und Erweiterung der bereits 1986 von

HARTMUT GRAF erschienenen **"Arbeitskartei** für den **Kunstunterricht"**
3./4. Jahrgangsstufe (pb-Verlag)

Sie deckt nun sämtliche Inhalte der 3. Jahrgangsstufe ab. Die Fülle der vorgestellten Themen ermöglicht es dem Lehrer, schüler- und situationsgemäß auszuwählen. Daneben bleibt Raum zur Durchführung der genannten Alternativvorschläge bzw. zur Verwirklichung eigener Ideen.

Die Kunstkartei wird für die 4. Jahrgangsstufe fortgesetzt, so daß der Bereich 3/4 der Grundschule damit abgedeckt ist.
Die Kartei besteht aus fünf Teilen mit vorangestellten didaktischen und methodischen Hinweisen. Jeder Teil ist so aufgebaut, daß die einzelnen Themen im Schwierig-

keitsgrad und in der Beherrschung der Technik eine Fortschreitung erfahren. Trotzdem ist das Auslassen einzelner Einheiten bzw. eine Änderung der Reihenfolge grundsätzlich möglich. Ist für ein Thema das Bearbeiten einer vorausgehenden Einheit erforderlich, so ist darauf in der Spalte "Überlegungen zur Aufgabe" verwiesen.

In der neuen Konzeption der Kunstkartei erhalten Sie nun Vorschläge für geeignete **Stundeneinstiege**, ausführliche **Überlegungen zur Aufgabe** sowie **Tafelbildentwürfe**, die besonders jungen Kollegen die Unterrichtsarbeit erleichtern, bzw. dem erfahrenen Pädagogen eventuell neue Anregungen bieten können. Der für die Lehrplangestaltung rasterartige Aufbau der Kartei ermöglicht außerdem effektives Arbeiten.

Viel Freude und gutes Gelingen wünscht

Marianne [illegible]

Inhaltsverzeichnis

Zur ARBEIT mit der KARTEI

Die **'Kartei für den Kunstunterricht'** ist kein Rezeptbuch für einen erfolgreichen Unterricht, sondern eine komprimierte Sammlung von Themenstellungen, die durch ihren Aufbau zur Auseinandersetzung mit dem Unterrichtsgegenstand auffordert. Sie macht keine Vorschriften, wo es nicht nötig ist (z.B. beim Material: Man kann auf vielen Papiersorten im Kunstunterricht zu einem Ergebnis kommen).

Die linke Hälfte der Kartenvorderseite beinhaltet den Vorschlag für ein Tafelbild bzw. eine mögliche thematische Gestaltung. Sie ist als Vorstellungshilfe für den Lehrer gedacht. Es ist Aufgabe jedes einzelnen Pädagogen, darauf zu achten, daß die Schüler durch Abbildungen nicht in ihrer Phantasie und Kreativität eingeengt werden.

Stichpunkte zur persönlichen Vorbereitung oder zur wertenden Nacharbeit können in der Spalte "Bemerkungen, Notizen" festgehalten werden.

Da für jede Themenstellung eine eigene Karte vorhanden ist, die einzeln entnommen werden kann, ist die Kartei zugleich eine praktische Hilfe für die Jahresplanung.

Die Karten können entsprechend dem individuellen Stoffverteilungsplan abgeheftet werden. Für die zeitliche Planung des Unterrichts innerhalb eines Schuljahres finden sich im Anhang Übersichtskarten.

Verwendete Abkürzungen:

L	= Lehrer	TA	= Tafelbild
SS	= Schüler	TLP	= Tageslichtprojektor
		LSG	= Lehrer-Schüler-Gespräch

TIPS und TRICKS

1. Eine Zeichenschachtel mit ständig benötigtem Material (Wachsmalstifte, Malkasten, Pinsel, Becher, Uhu, Schere, ...) unter dem Tisch beugt dem Vergessen vor.

2. Nicht alltäglich benötigte Materialien sind leichter und billiger vom Lehrer für alle Schüler zu besorgen. Das Einsammeln des Geldes können verläßliche Schüler übernehmen.

3. Bildzeichen bzgl. des Materials am Anfang der Stunde an der Tafel fixiert, beschleunigt das
Herrichten des Materials.

4. Zeitungen unter den Zeichenblock gelegt, erleichtern die Säuberung der Tische.

5. Gedränge beim Wasserholen kann vermieden werden, wenn zwei Schüler mit Gießkannen herumgehen und die aufgestellten Becher mit Wasser füllen.

6. Es gibt Wasserbecher, die am Malkasten befestigt werden können. Umfallen wird dadurch vermieden.

7. Schüler erkennen ihre eigenen Arbeiten manchmal nicht wieder. Deshalb Nachbarn kontrollieren lassen, ob das Kunstwerk mit dem Namen versehen ist.

8. Äußerungen der Mitschüler bei der Besprechung verlangen erziehliche Einflußnahme. Sie sollen von gegenseitiger Achtung und Sachlichkeit getragen sein.
   Stehkreise eignen sich für die Besprechung am besten.

9. Der Zeichenblockdienst übernimmt das Einsammeln und Ordnen der zum Trocknen aufgelegten Werke bzw. das Austeilen der Zeichenblöcke am Anfang der Stunde.

10. Einteilen der Schüler zum Waschen am Waschbecken verhindert Gedränge und unnötige Spritzer.

SCHMÜCKENDES GESTALTEN

Schmücken:

Sich selbst und seine Umwelt (Figuren, Gegenstände, Räume) zu schmücken, ist eines der Grundbedürfnisse des Menschen. Er bereichert damit die Umgebung und erstrebt höhere Lebensqualität.

Phantasie und Kreativität werden in großem Maß angesprochen und entwickelt.

Ordnungsprinzipien ("Das sind wir"), strenge und weiche Formen ("Eierbecher aus Papier"), rhythmische Wiederholungen ("Schmuckdecke eines Elefanten"), Zusammenhänge von Farben und Formen ("Ein Schmuckkästchen für Mutti"), liegen dem schmückenden Gestalten zugrunde. Erste Einsichten über die Beschränkung der verwendeten Farben und Formen bahnen individuelle Geschmacksbildungen an.

Exkurs: **Collage** (vgl. Thema "Vogelscheuche")

Das Arbeiten in Collagetechnik sollte den Schülern rechtzeitig vorher mitgeteilt werden, damit sie Zeit zum Sammeln der benötigten Papiere, Prospekte, Zeitschriften etc. haben.

Material:

Nahezu alle Papiersorten sind brauchbar. Arbeiten aus einer Kombination von Packpapier, Briefumschlägen, Geschäftskuverts, Kartonagen usw. weisen charakteristische Farbschwankungen zwischen hell - dunkel, warm - kalt, gelb - braun auf.
Anstelle von teuerem Buntpapier kann gut übermaltes Zeitungspapier verwendet werden. Es ist billig, saugt schnell Wasser, läßt sich leicht reißen, glänzt nicht und erlaubt alle möglichen Farbabstufungen. Der Zeitungsdruck stört nach dem Anstreichen nicht mehr, ganz im Gegenteil belebt die durchschimmernde Schrift die Farbflächen.

Werden Abbildungen benötigt, sind Zeitschriften, Prospekte, Kataloge etc. von Nutzen.

Wird das Material in der Schule gesammelt, werden die Schüler allein dadurch am Weitersammeln angespornt. Zudem kann der Lehrer eine Durchsicht der Gegenstände nach ihrer Brauchbarkeit für das geplante Vorhaben vornehmen.

Vorgehen:

Das Material für Collagen kann gerissen oder ausgeschnitten werden. Gerissen wird mit Daumen und Zeigefinger bei eng aneinanderliegenden Händen (erst grob, dann fein). Durch Reißen in Laufrichtung können mühelos lange, schmale Streifen gerissen werden. Bei geraden, geometrischen Formen kann das Papier zuerst entlang der Kanten gefaltet und dann gerissen werden (Faltriß). Will man eine Abbildung möglichst genau reißen, können die Ränder der Figur zuvor mit einer dicken Nadel perforiert werden (Reißen vorgestochener Elemente).
Die bildnerische Ausdrucksfähigkeit kann durch die Kombination geschnittener und gerissener Elemente oder von Fotos und gemalten Bildern gesteigert werden. Besonders wirkungsvoll ist es, den Blattgrund zu bemalen oder mit einem Hintergrund zu versehen.

Kleben:

Der Auftrag des Klebers mit einem Pinsel bewirkt, daß Hände und Tische sauber bleiben. Vorsichtshalber können die Tische zusätzlich mit Zeitungspapier abgedeckt werden.

NOTIZEN:

TA/SKIZZE

Das sind wir

Mögliche Grundformen für das Muster:

Das sind unsere Maße:

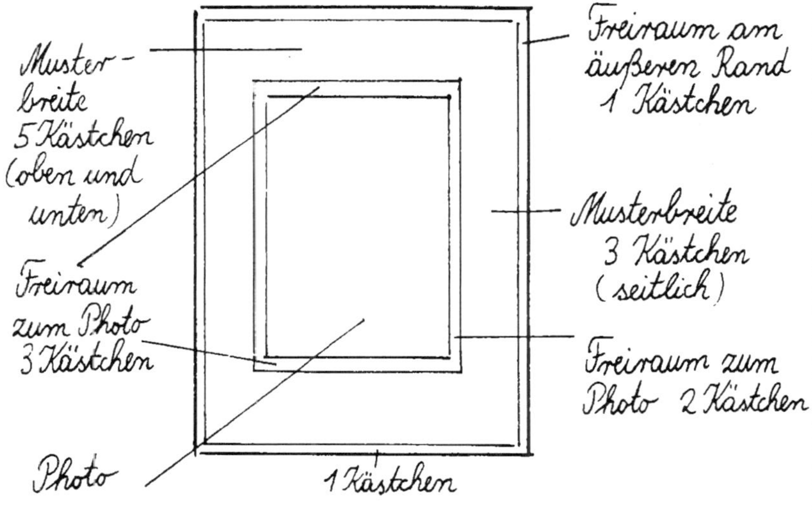

SCHMÜCKENDES GESTALTEN

LERNINHALT

Phantasievolles Gestalten von Schmuckformen -

Band- und Flächenmuster aus geometrischen Grundformen

THEMA

Das sind wir!

(Gemeinschaftsarbeit)

QUERVERBINDUNGEN

TECHNIK

Zeichnen

ARBEITSMITTEL

Dünne Filzstifte, Photo, Kleber, (farbiges Karton-) Papier (DIN A5), evtl. Lineal

MÖGLICHER EINSTIEG

Zu Beginn des Schuljahres ist das Klassenzimmer noch "nackt" und unfreundlich. Wir wollen es schmücken und Bilder von uns aufhängen.

L kann (falls vorhanden) Beispiel einer anderen Klasse vorzeigen (Original oder Dia)

ÜBERLEGUNGEN zur AUFGABE

1. Besprechung möglicher geom. Grundformen für das Muster (vgl. TA)
2. Freies Erfinden von Mustern (evtl. zur Erleichterung auf Karopapier) Betrachten und Vergleich der Gestaltungsmöglichkeiten im Stehkreis, Herausheben besonders schön gelungener Arbeiten.
3. Photo in die Mitte des Kartonpapiers kleben (Hilfestellung des Lehrers nötig; evtl. kann der Lehrer den Rahmen für das Photo leicht mit Bleistift andeuten).
4. Photo mit mehreren verschiedenen Zierleisten unter Verwendung verschieden farbiger Filzstifte individuell umranden (Maße siehe TA) (Freiraum lassen von den Rändern der Kartonkarte und dem Photo)
5. Aufkleben der fertigen Karten auf andersfarbigem Kartonpapier und Aufhängen im Klassenzimmer.

MÖGLICHE ALTERNATIVEN/BEMERKUNGEN/NOTIZEN

Alt.: Tischkarten (evtl. auch Zusatzarbeit für fertige Schüler)

„Das sind wir“

TA/SKIZZE

Wir verzieren unser Namenskärtchen

Muster an den Rändern

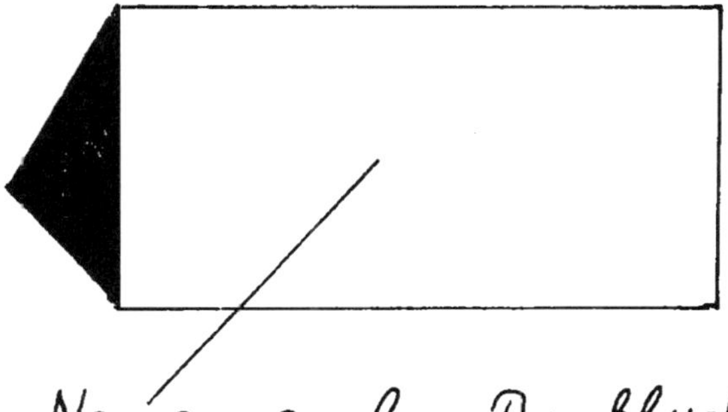

Name: groß, Druckbuchstaben
gut lesbar
in Schönschrift
in die Mitte setzen

SCHMÜCKENDES GESTALTEN

LERNINHALT

Phantasievolles Gestalten von Schmuckformen -

Band- und Flächenmuster aus geometrischen Grundformen

THEMA

Wir verzieren unser Namenskärtchen

QUERVERBINDUNGEN

TECHNIK

Zeichnen

ARBEITSMITTEL

Kartonpapier in der Größe eines Namenskärtchens, Filzstifte

MÖGLICHER EINSTIEG

Schulanfang - Lehrer kennt Namen noch nicht

ÜBERLEGUNGEN zur AUFGABE

Besprechung des Aussehens des Namenskärtchens:

Name groß, gut lesbar, schön geschrieben, in die Mitte des Kärtchens setzer

Umrandung mit Bandmuster (Fortsetzung von "Das sind wir")

MÖGLICHE ALTERNATIVEN/BEMERKUNGEN/NOTIZEN

Alt.: Tischkarten für Geburtstagsparties oder Einladungskarten

TA/SKIZZE

Ein Schmuckkästchen für Mutti

Geeignete Musterformen:

Achte auf:

- die Musterform
- Gleichmäßigkeit
- schöne Farbzusammenstellung

SCHMÜCKENDES GESTALTEN

LERNINHALT

Phantasievolles Gestalten von Schmuckformen -

Band- und Flächenmuster aus geometrischen Grundformen (erhöht. Schwierigkeitsgrad)

THEMA

Ein Schmuckkästchen für Mutti

QUERVERBINDUNGEN

Dt.: Muttertagsgedicht
Religion: Freude am Schenken

TECHNIK

Zeichnen

ARBEITSMITTEL

Spanschachtel (rund, oval oder herzförmig, kleine Größe), Filzstifte, Experimentierblatt

MÖGLICHER EINSTIEG

Aktueller Anlaß: Muttertag
Freude am Schenken

Rückgriff auf das Thema: "Das sind wir" und Wiederholung der dort erarbeiteten Erkenntnisse.

ÜBERLEGUNGEN zur AUFGABE

ERSCHWERNIS: Ovale Form der Spanschachtel (keine eckigen Muster bzw. geraden Bandmuster möglich); anders strukturiert. Untergrund.

VORGEHEN:

1. Mehrmaliges Übertragen der Form der Spanschachtel auf Experimentierblatt, Ausprobieren verschiedener schmückender Muster.
2. Besprechung im Stehkreis: SS helfen einander bei der Auswahl des schönsten Musters;
   Besprechungspunkte:
   - Form der Muster
   - Gleichmäßigkeit
   - Farbigkeit
   - Rahmen oder vollständige Flächenfüllung

   Sprechreihen
3. Übertragung des jeweils schönsten Musters mit dünnem Filzstift auf die Spanschachtel.
4. Gegenseitige Bewunderung und Steigerung der Freude am eigenen Werk.

MÖGLICHE ALTERNATIVEN/BEMERKUNGEN/NOTIZEN

Evtl. Spanschachtel vorher grundieren und mit Wasserfarben bemalen.

Beispiele für die Verzierung von Spanschachteln

R.A.

TA/SKIZZE

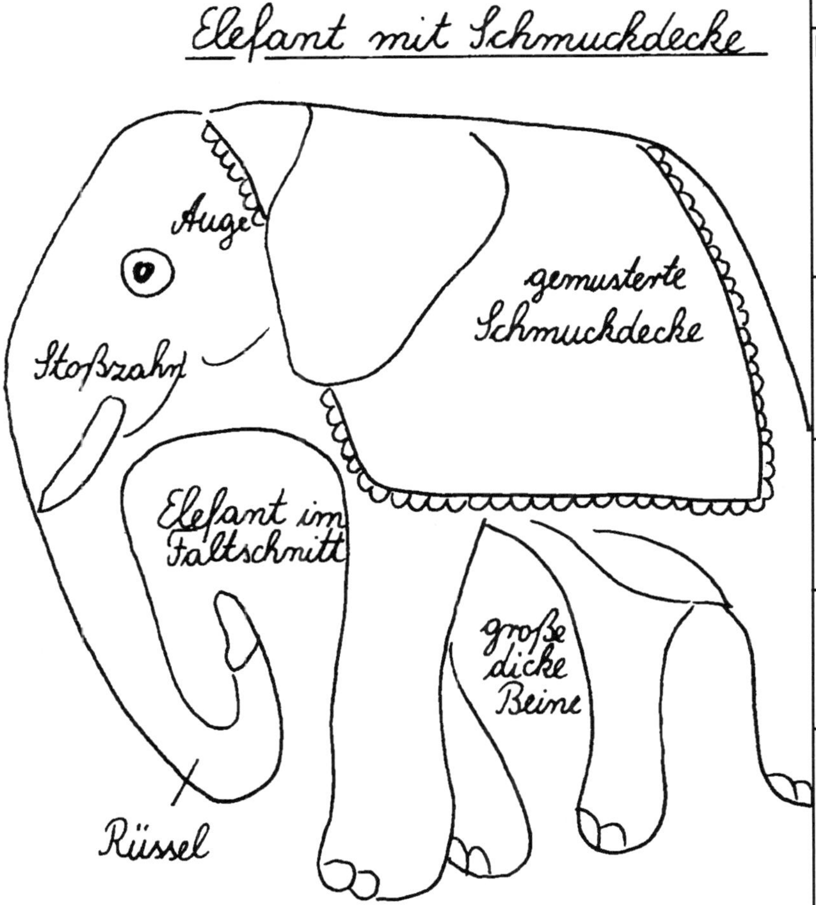

SCHMÜCKENDES GESTALTEN

LERNINHALT

Phantasievolles Gestalten von Schmuckformen -

Schmücken von Gegenständen

THEMA

Elefant mit Schmuckdecke

QUERVERBINDUNGEN

Religion - Weihnachtszeit:
Elefant vor der Krippe

TECHNIK

Zeichnen

ARBEITSMITTEL

Graues Tonpapier, Zeichenpapier, Schere, Filzstifte

MÖGLICHER EINSTIEG

Zirkusbesuch oder Betrachten einer großen Weihnachtskrippe (Dia)

ÜBERLEGUNGEN zur AUFGABE

1. Ausschneiden eines Elefanten aus grauem Tonpapier (evtl. im Faltschnitt, so daß er stehen kann; einfacher Umriß, evtl. ohne Ohr);
2. Maßnehmen einer Decke, die über den Elefanten gelegt werden kann, Ausschneiden aus Zeichenpapier;
3. Betrachten von Ornamenten auf Teppichen/Wandbehängen (Dias);
4. Entwurf von Schmuckformen auf Experimentierpapier, Vergleich der Gestaltungsmöglichkeiten;
5. Umsetzen der individuellen Schmucklösung;
6. Vergleich: grauer, einfarbiger Elefant - geschmückter Elefant;
7. Ausstellung

MÖGLICHE ALTERNATIVEN/BEMERKUNGEN/NOTIZEN

Alt.: Gestaltung eines Wandbehangs

TA/SKIZZE

Glückwunschkarte zum Neuen Jahr

Beachte bei der Gestaltung:

- Glückwunsch in Kartenmitte
- Passende Verzierungen

Kaminkehrer.....

Arbeite gleichmäßig und schön!

SCHMÜCKENDES GESTALTEN

LERNINHALT

Phantasievolles Gestalten von Schmuckformen -

Schmücken von Gegenständen

THEMA

Wir verzieren eine Glückwunschkarte zum Neuen Jahr

QUERVERBINDUNGEN

Dt.: Schrift, schriftl. Spg.
HSK: Feste und Feiern

TECHNIK

Zeichnen mit Filz- und Holzfarbstiften

ARBEITSMITTEL

Glückwunschkarte (starkes, weißes Papier), Filz- und Holzfarbstifte

MÖGLICHER EINSTIEG

Aktueller Anlaß

ÜBERLEGUNGEN zur AUFGABE

Überlegen von Gestaltungsmöglichkeiten:

- Erinnerung an vorhergehende Themen (Rückgriff auf dort gewonnene Erkenntnisse)
- Zusammenstellung spezifischer Symbole für das Neue Jahr (Kaminkehrer, Glücksschwein, Kleeblatt, Fliegenpilz, Hufeisen, die Zahl 13 ...)

Individuelle Gestaltung unter Berücksichtigung von

- Gleichmäßigkeit
- evtl. Symmetrie
- Formschönheit und Farbgebung

Beschriften evtl. mit Brief verbinden

MÖGLICHE ALTERNATIVEN/BEMERKUNGEN/NOTIZEN

13
13
13
Ein gutes
Neues Jahr

TA/SKIZZE

Eierbecher aus Papier für Ostern

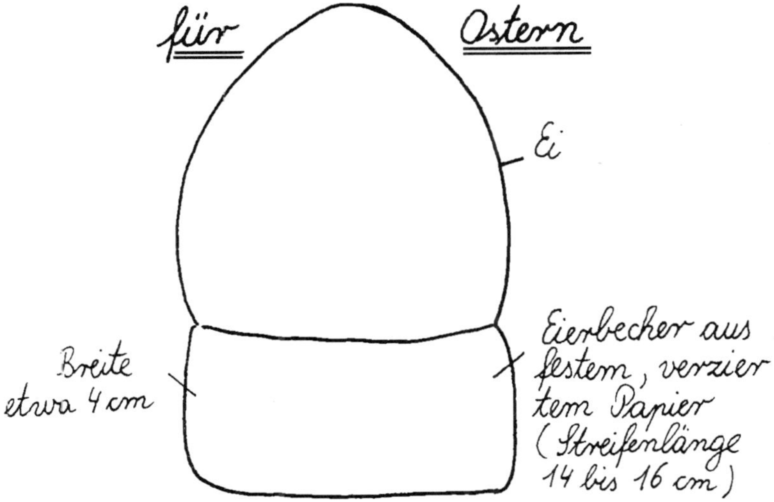

Gestaltungsmöglichkeiten:

- „Frohe Ostern" mit Mustern verziert;
- Passende Osterbilder:

  Häschen, Küken, Eier, Lamm, Palmkätzchen, Osterstrauß

SCHMÜCKENDES GESTALTEN

LERNINHALT

Phantasievolles Gestalten von Schmuckformen –

Schmücken von Gegenständen

THEMA

Eierbecher zum Osterfest

QUERVERBINDUNGEN

Dt.: Schrift, schriftl. Spg.,
Lesen (Gedichte)
HSK: Feste und Feiern

TECHNIK

Zeichnen mit Filzstiften

ARBEITSMITTEL

Fester Papierstreifen (4cm x 15cm)
Filzstifte, Klebstoff

MÖGLICHER EINSTIEG

Aktueller Anlaß

ÜBERLEGUNGEN zur AUFGABE

Überlegen von Gestaltungsmöglichkeiten:

- Rückgriff auf vorhergehende Themen und dort gewonnene Erkenntnisse;
- Zusammenstellung spezifischer Ostersymbole (Osterhase, Lamm, Küken, Frühlingsblumen, Palmkätzchen, Osterstrauß, bunte Eier, "Frohe Ostern" ...)

Individuelle Gestaltung:

Jeder Schüler sollte drei bis vier verschiedene Eierbecherbänder (je nach Größe der Familie) gestalten;

Zusammenkleben der Bänder zum Kreis (Umfang abhängig von Eigröße)

MÖGLICHE ALTERNATIVEN/BEMERKUNGEN/NOTIZEN

Das Thema kann als Alternative zum Thema "Neujahrskarte" gesehen werden.

TA/SKIZZE

Wir bemalen Ostereier

Daraus können wir wählen:

- Muster, unabhängig vom Osterfest

- Bilder, die zu Ostern passen:

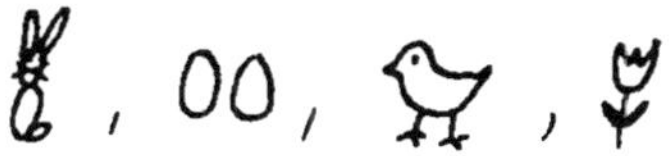

- Wünsche

z.B. „Frohe Ostern" ....

SCHMÜCKENDES GESTALTEN

LERNINHALT

Phantasievolles Gestalten von Schmuckformen -

Schmücken von Gegenständen

THEMA

Wir bemalen Ostereier

(Gemeinschaftsarbeit)

QUERVERBINDUNGEN

Deutsch: Lesen
HSK: Feste und Feiern

TECHNIK

Zeichnen mit Filzstiften oder Arbeiten mit Naturmaterial

ARBEITSMITTEL

ausgeblasene Eier, kleine Hölzchen, Bindfaden oder Wolle, Filzstifte oder gepreßte Gräser etc.

MÖGLICHER EINSTIEG

Aktueller Anlaß - Klassenzimmerschmuck mit Osterstrauß

ÜBERLEGUNGEN zur AUFGABE

Überlegungen zur Gestaltung:

- Vorstellung verschiedener Techniken (viele Schüler haben diesbezüglich Erfahrungen von daheim);
- Zusammenstellung osternspezifischer Symbole für das Bemalen mit Filzstiften (Osterhase, Lamm, Küken, Frühlingsblumen, Ostersträuße, Palmkätzchen, bunte Eier, "Frohe Ostern" ...)

Individuelle Gestaltung

Bindfaden befestigen und aus allen Eiern Osterstrauß für das Klassenzimmer zusammenstellen.

MÖGLICHE ALTERNATIVEN/BEMERKUNGEN/NOTIZEN

Alt.: Eierbecher zum Osterfest (s.v.)

TA/SKIZZE

Wir bemalen Blumentöpfe

Beispiel:

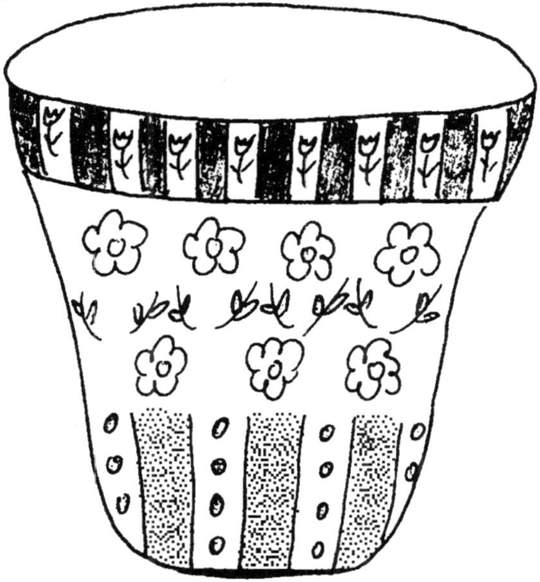

* *Bei Eigenproduktion der SS unbedingt abdecken, um Nachmalen zu verhindern!*

SCHMÜCKENDES GESTALTEN

LERNINHALT

Phantasievolles Gestalten von Schmuckformen -

Schmücken von Gegenständen

THEMA

Wir verzieren Blumentöpfe

QUERVERBINDUNGEN

TECHNIK

Malen mit Plaka-Farben

ARBEITSMITTEL

Blumentopf, Plakafarben (s.u.), Pinsel

MÖGLICHER EINSTIEG

Schmuck für Klassenzimmer oder

Geschenk für Mutter (Muttertag, Geburtstag, Weihnachten)

(mehrere Beispiele können gezeigt werden)

ÜBERLEGUNGEN zur AUFGABE

- Entwerfen verschiedener Muster
  (Vorteilhaft dabei ist die Verwendung von kleinen Folienstücken; so können die Musterentwürfe projeziert werden und die Schüler erhalten eine große Auswahl an schönen Mustern);
  Besprechung unter Berücksichtigung von Form und Größe des Topfes;
- Grundieren des Blumentopfes mit Farbe;
- Individuelle Verzierung mit Mustern;

Hinweise:

- Bei dem Thema kann auf Erkenntnisse zurückgegriffen werden, die in der Einheit "Elefant mit Schmuckdecke" erworben wurden;
  Erschwernis: Material und Form des Topfes;
- Plakafarben gibt es preisgünstig in großen Flaschen; die Farbe wird an die Schüler verteilt (Malkastendeckel oder Mischpalette).

MÖGLICHE ALTERNATIVEN/BEMERKUNGEN/NOTIZEN

TA/SKIZZE

Bankräuber gesucht

„Wie sah er aus? So oder so oder so?"

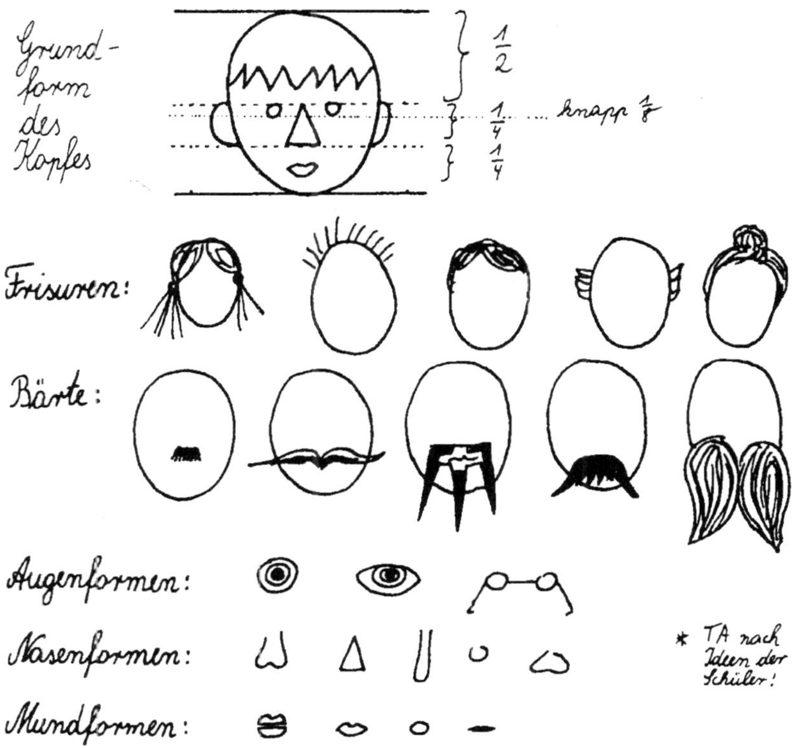

SCHMÜCKENDES GESTALTEN

LERNINHALT

Phantasievolles Gestalten von Schmuckformen -

Schmücken von Figuren

THEMA

Bankräuber gesucht

(Veränderung von Gesichtern)

QUERVERBINDUNGEN

TECHNIK

Zeichnen

ARBEITSMITTEL

Schwarzer Filzstift, Zeichenpapier (DIN A3); (hilfreich: Schablone für Gesicht für jede Gruppe)

MÖGLICHER EINSTIEG

L-Erz.: Bankräuber wird gesucht. Ein Zeuge ist auf dem Polizeirevier. Nach seinen Angaben werden Frisur, Bart, Augen, Nase und Mund herausgesucht und ein Phantombild gezeichnet.

Plastische Darstellung mit entsprechend vorbereiteten Karten (Maße vgl. TA) möglich.

ÜBERLEGUNGEN zur AUFGABE

- Besprechung der Grundform
  (L zeigt die für alle Menschen typische Aufteilung des Kopfes auf: halbe Kopfgröße für Haare und Stirn, ein Viertel der Kopfgröße für Augen und Nase, ein Viertel für Mund, Kinn und Bart, s. TA)
- Brainstorming bzgl. der Vielfalt an Frisuren, Bärten, Mund-, Augen- und Nasenformen
  (L bzw. SS zeichnen an TA, s.o.)
- Aufzeichnen der Kopfgrundform (Größe DIN A3) und Aufteilung entsprechend obiger Angaben (gestrichelte Bleistiftlinien)
  (Hilfreich ist eine von L gestaltete Schablone für den Kopf mit am Rand vermerkter Aufteilung. Das gewährleistet gleiche Größe bei allen Schülern).
- Gestaltung des Gesichts.
- Zerschneiden an den Bleistiftlinien und mit anderen Teilen neu zusammensetzen.

MÖGLICHE ALTERNATIVEN/BEMERKUNGEN/NOTIZEN

Alt.: Wir verzaubern Gesichter - Ein Junge wird zum Mädchen

Wir verändern Gesichter
Bart
Brille
Nase
Mund
Haare
Vom Mann zur Frau

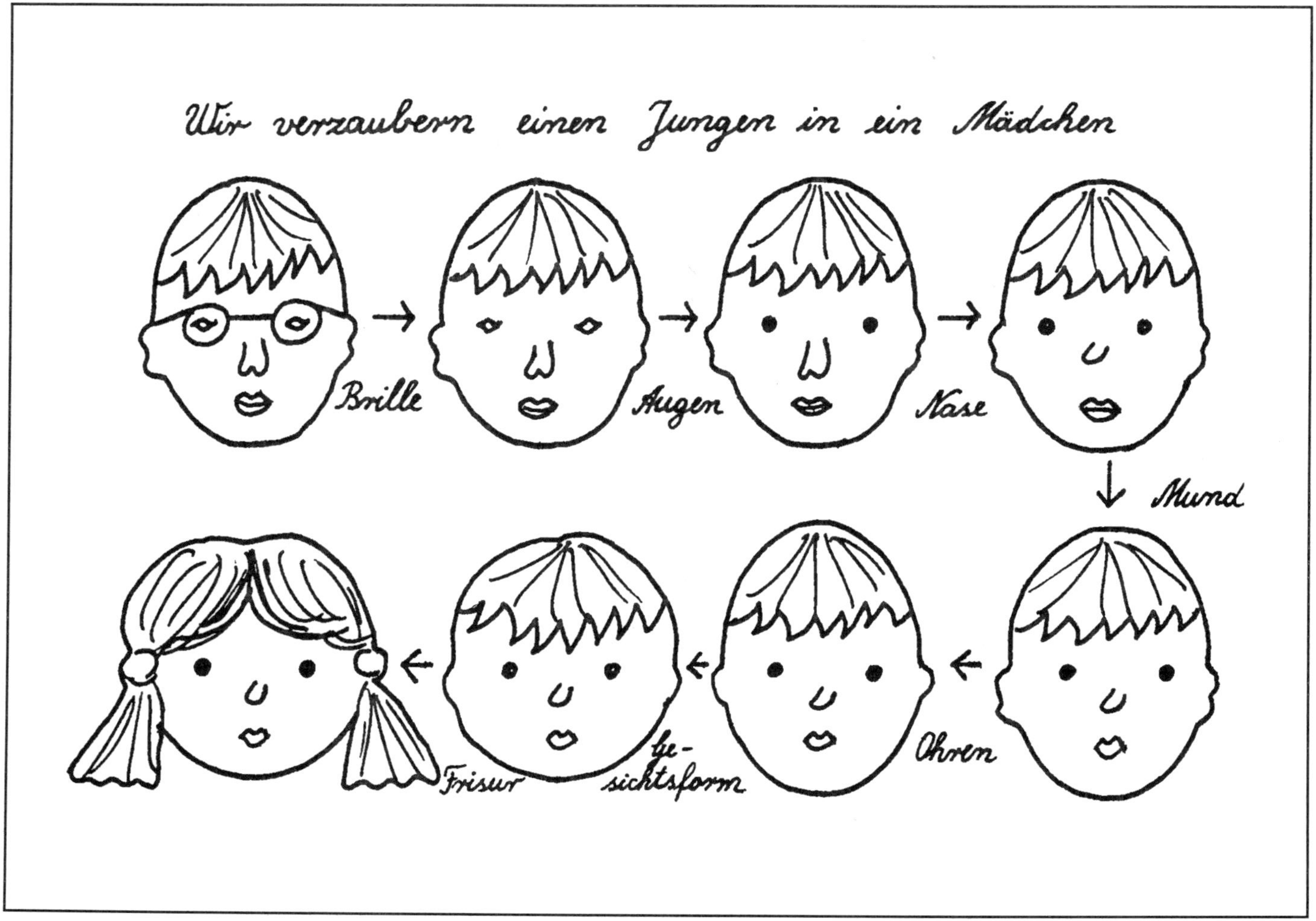
Wir verzaubern einen Jungen in ein Mädchen
Brille
Augen
Nase
Mund
Ohren
Ge-
sichtsform
Frisur

TA/SKIZZE

Wir schminken unser Gesicht

	Vornehmer Ausdruck z.B. Fee, Prinzessin, Dame	Böser Ausdruck z.B. Räuber, Hexe
Gesichtsfarbe	blaß	kräftiges Rot
Haare	hochfrisiert	zerzaust
Brauen	feiner, schwarzer Strich	breite, buschige Brauen
Augen	Lidschatten	Augen dunkel umrandet, dunkle Brille
Mund	fein, mit rotem Lippenstift nachgezogen	mit schwarzer Farbe nach unten gezogen

SCHMÜCKENDES GESTALTEN

LERNINHALT

Phantasievolles Gestalten von Schmuckformen -

Schmücken von Figuren

THEMA

Wir schminken unser Gesicht (PA)

(Fasching)

QUERVERBINDUNGEN

Dt.: Lesen
Musik: Bewegung zur Musik (nach dem Schminken)

TECHNIK

Malen mit Fingerfarben
Schminken

ARBEITSMITTEL

Experimentierpapier, Bleistift, Holzfarbstifte, Fingerfarben, Lippenstift, evtl. Lidschatten ...

MÖGLICHER EINSTIEG

Akt. Anlaß: Fasching, Schüler kommen leicht verkleidet, aber ungeschminkt in die Schule.

ÜBERLEGUNGEN zur AUFGABE

- Überlegungen:
  Durch Schminken des Gesichts kommt die Verkleidung erst richtig zum Ausdruck;
  Verschiedene Masken fordern unterschiedliches Schminken;
  Welche Gesichtsteile kann man schminken?
  Wieviel und welche Farbe soll man auftragen?
- Experimentelles Erproben auf Papier mit Bleistift und Holzfarbstiften.
- Schminken unter Verwendung ungiftiger Fingerfarben;
- Je zwei Schüler schminken sich gegenseitig ihre Gesichter, betrachten sich im Spiegel, bewundern sich in ihrer Maske;
- Klassenfoto
  lustiges Faschingstreiben

MÖGLICHE ALTERNATIVEN/BEMERKUNGEN/NOTIZEN

Alt.: Schminken für eine Theatervorstellung (geringerer Zeitaufwand).

TA/SKIZZE

SCHMÜCKENDES GESTALTEN

LERNINHALT

Phantasievolles Gestalten von Schmuckformen -

Schmücken von Figuren

THEMA

Schaufenster eines Trachtengeschäftes
(Gemeinschaftsarbeit)

QUERVERBINDUNGEN

HSK: Heimatl. Brauchtum

TECHNIK

Zeichnen

ARBEITSMITTEL

Blatt DIN A5, Filzstifte, Schere, Kleber

MÖGLICHER EINSTIEG

Evtl. aktueller Anlaß: Dult, Volksfest, Trachtenumzug, Volkstanz ...

L-Erz.: Mutter und Vater wollen sich zu diesem Anlaß neu einkleiden, sie betrachten das Schaufenster eines Trachtengeschäftes.

ÜBERLEGUNGEN zur AUFGABE

- L zeigt Kartonpapier, auf dem ein leeres Schaufenster dargestellt ist:
  Unser Schaufenster ist noch leer, die Kleidungsstücke müssen wir selbst entwerfen.
- Betrachten von Bildern: Photos, Dias, Prospekte (Kataloge) von Trachtengeschäften.
  - Herausarbeiten von Besonderheiten der Trachtenkleidung;
  - Brain-Storming mögl. Muster (evtl. TA: Blumen, Gräser, Blätter, Herzen, Kreise, Punkte, Bänder ...)
- Zeichnen des Umrisses auf Papier DIN A5 (volle Größe nützen) (vgl. TA);
- Individuelle Gestaltung mit verschiedenen Mustern, Spitzen, sonst. Details;
- Besprechung, gegenseitige Anregung zu evtl. Verbesserungen;
- Ausschneiden der Kleidungsstücke, Aufkleben ins Schaufenster, Aufhängen des Plakats.

MÖGLICHE ALTERNATIVEN/BEMERKUNGEN/NOTIZEN

Fertige Schüler können bis zur endgültigen Fertigstellung aller Kleidungsstücke noch liebevoll verzierte Strümpfe, Tücher, Hüte ... entwerfen.

TA/SKIZZE

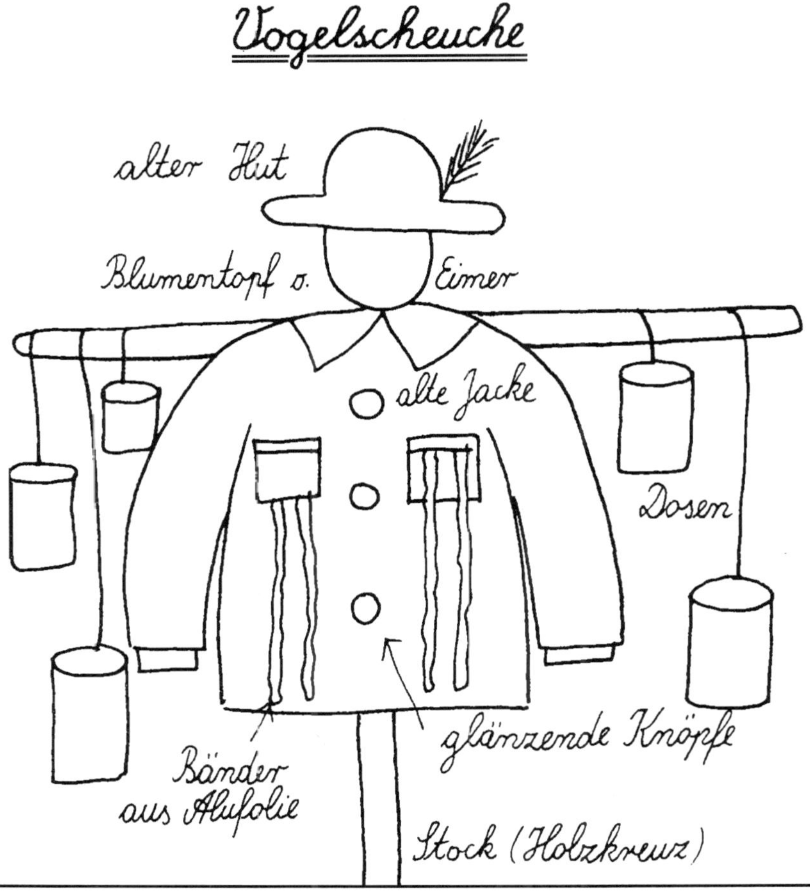

SCHMÜCKENDES GESTALTEN

LERNINHALT

Phantasievolles Gestalten von Schmuckformen -

Schmücken von Figuren

THEMA

Vogelscheuche

QUERVERBINDUNGEN

HSK: Thema "Kirschen"

TECHNIK

Collage
(schneiden oder reißen)

ARBEITSMITTEL

Zeitschriften, Schere, Kleber, Zeichenblock DIN A3, schwarzer Filzstift

MÖGLICHER EINSTIEG

Aktueller Anlaß: Kirschen werden reif - werden von Vögeln angepickt

ÜBERLEGUNGEN zur AUFGABE

- Betrachtung von Vogelscheuchen (in natura, auf Dias oder Photos);
- Erarbeitung im UG, aus welchem Material Vogelscheuchen gebaut werden (vgl. TA);
- Zeichnen eines Holzkreuzes auf Zeichenpapier (Größe vorgeben);
- Suchen und Ausschneiden passender Abbildungen einander entsprechender Größe aus Zeitschriften;
- Aufkleben der Teile zur Vogelscheuche;
- Besprechung, aufhängen im Klassenzimmer.

MÖGLICHE ALTERNATIVEN/BEMERKUNGEN/NOTIZEN

Damit die Schüler Zeit zum Sammeln von Zeitschriften haben, vorher ankündigen!

sera
Wasser-
Teichwasser
für
Zierteiche
gegen

TA/SKIZZE

Kopfschmuck der Indianer

SCHMÜCKENDES GESTALTEN

LERNINHALT

Phantasievolles Gestalten von Schmuckformen -

Schmücken von Figuren

THEMA

Indianerschmuck

QUERVERBINDUNGEN

TECHNIK

Kombination aus Collage, Zeichnen und Malen

ARBEITSMITTEL

Herbstblätter, Kleber, Deckfarben, Pinsel, Filzstifte, Zeichenblatt DIN A3

MÖGLICHER EINSTIEG

Herbstlaub - Anlaß zum Basteln

oder L-Erz. (evtl. Anknüpfung an eine Fernsehsendung)

ÜBERLEGUNGEN zur AUFGABE

- Betrachtung von Indianerschmuck (Dias);
- Pressen der gesammelten Herbstblätter;
- Indianergesicht aufmalen (Hilfen geben zur Größe und Plazierung s. TA);
- Band des Kopfschmuckes und Halsband mit Filzstiften gestalten;
- Kopfschmuck des Indianers aus den Herbstblättern zusammensetzen (Beachtung von Größe, Form und Farbe der Blätter);
- Besprechung, Würdigung besonders gut gelungener Werke;
- Ausstellung der Arbeiten im Klassenzimmer.

MÖGLICHE ALTERNATIVEN/BEMERKUNGEN/NOTIZEN

Damit die Schüler Zeit zum Sammeln und Pressen der Blätter haben, vorzeitig ankündigen!

DRUCKEN

Gefordert ist im Grunde nur eine Technik, an der die Schüler grundsätzlich die einfachste Anfertigung eines Hochdruckstockes erfahren und in den abgedruckten Wirkungen erleben sollen.
Verschiedene Techniken jedoch besitzen für das Kind einen Wert an sich. Material (Farbe, Korken ...), Werkzeug (Finger, Pinsel, Walze ...) und der Vorgang selbst (rollen, pressen, drücken ...) sind von höchst eigentümlichem Reiz, regen an und bereiten Freude. Die Druckplätze sind gruppenweise zu organisieren.

Nachfolgend seien die hier angesprochenen Drucktechniken kurz beschrieben.

1. Fingerdruck

Der Fingerdruck stellt die einfachste Art aller Drucktechniken dar, und ist deshalb eher der ersten und zweiten Jahrgangsstufe vorbehalten. Die verschiedenen Finger bilden dabei unterschiedlich große Druckstöcke. Die Kinder können sowohl mit der Fingerkuppe (Fingerabdruck), als auch mit den Fingernägeln oder den seitlich gehaltenen Fingern drucken.
Für den Farbauftrag wird etwas Plakatfarbe in den Deckel des Malkastens gegeben und der Finger leicht eingetaucht. Werden Wasserfarben verwendet, müssen diese kurz vorher mit Wasser angefeuchtet und etwas aufgeweicht werden. Mischfarben werden leicht durch Eintauchen der Finger in verschiedene Farbtöpfchen hergestellt. Will man reine Farben, könnte jeder Finger einer Farbe vorbehalten sein.
Wasserfarbe läßt sich leicht von den Fingern entfernen. Trotzdem empfiehlt es sich, die Schüler gruppenweise zum Säubern ans Waschbecken zu schicken.

2./3. Kartoffeldruck - Korkdruck

Die beiden Techniken unterscheiden sich nur im Druckstock und dessen Herstellung, nicht jedoch in der Arbeitsweise.
Kartoffeldruck bietet den Vorteil, daß die Formen leicht zurechtgeschnitten werden können. Andererseits müssen die Arbeiten noch in der gleichen Stunde fertiggestellt werden, da die Stempel verrunzeln und verfaulen.
Haltbarer sind Stempel aus Korken, die zum Beispiel in Drogerien gekauft werden können. Da zum Schneiden von Korken jedoch sehr scharfe Messer benötigt werden, ist es ratsam, nur einfache Formen (z.B. Kreisscheiben) zu verwenden.
Entscheidend für die bildnerische Wirkung ist die Gleichmäßigkeit und Fülle des Farbauftrags. Es können Druckfarben und Wasserfarben (nicht zu wässrig) gleichermaßen verwendet werden. Die eingefärbten Stempel werden dann entsprechend dem beabsichtigten Motiv abgedruckt.
Mehrmaliger Abdruck des Stempels ist möglich.

4. Pappkantendruck

Als Druckstock dienen unterschiedlich lange und dicke Pappkanten. Wie bei den anderen Techniken werden die Stempel in Farbe eingetaucht oder mit dem Pinsel dick eingestrichen.
Nachteilig wirkt sich die Saugfähigkeit des Materials aus. Pappe löst sich mit der Zeit auf, die Ränder werden breit, die Abdrücke unsauber. Es sollte daher zügig, ohne viel Druck und mit wenig Wasser gearbeitet werden.

5. Naturmaterialiendruck

Unter Naturmaterialien seien natürliche, in sich reichlich strukturierte Materialien, wie Kohl oder Zwiebeln, verstanden. Die Entscheidung über die Verwendung eßbarer Gegenstände muß jedem selbst überlassen werden, ein Gespräch darüber mit den Schülern sollte der Arbeit vorausgehen.
Aus festen Zwiebeln läßt sich durch einen waagrechten Schnitt leicht ein Druckstock herstellen, jedoch ist man in der Formenwahl ähnlich begrenzt wie beim Korkdruck. Vor dem Einfärben der Schnittstelle ist diese mit Löschpapier oder Küchentüchern trocken zu tupfen. Der eingefärbte Stempel wird dann entsprechend der Aufgabe abgedruckt.
Mehrfaches Abdrucken oder Überdrucken ist möglich.

6. Materialdruck

Für den Materialdruck benötigt man neben dem Druckstock Druckfarbe, Glasplatte und zwei Gummiwalzen. Er ist daher aufwendiger als die bisher beschriebenen Drucktechniken.
Die Druckfarbe wird auf der Glasplatte gleichmäßig ausgewalzt und anschließend mit der gleichen Walze abgenommen und auf den Druckstock aufgetragen. Diesen legt man auf das zu bedruckende Papier und überrollt ihn mit der sauberen Walze. Ist der Druck sichtbar, kann der Druckstock abgenommen werden.
Zur Herstellung des Druckstocks können die unterschiedlichsten Materialien verwendet werden (vgl. Aufgabe 5).

Textilien mit groben Stukturen, Spitzen, Blätter, Münzen, Baumrinden, liefern eine interessante Binnenstruktur und können gut zum Drucken verwendet werden (Textildruck).

7. Uhudruck

Für den Uhudruck eignet sich ein **n i c h t** tropffreier Kleber (z.B. Uhu-Alleskleber) am besten. Das Thema wird stark vereinfacht mit Bleistift vorgezeichnet; anschließend wird der Kleber auf den Linien möglichst gleichmäßig, wulstförmig aufgetragen. Überkreuzungen von Kleberspuren und dadurch entstehende Erhebungen sind zu vermeiden. In gleicher Weise können auch Abbildungen aus Zeitschriften als Vorlage für den Uhudruck verwendet werden. Der Kleber wird dabei nur an den markanten Konturen aufgetragen.
Vor der weiteren Bearbeitung muß der Kleber absolut trocken sein. Wie bei Nr. 6 'Materialdruck' beschrieben, wird der Druckstock (Klebstoffseite) eingefärbt und anschließend auf das zu bedruckende, mit weicher Unterlage versehene Papier gelegt. Um Einreißen beim Überwalzen zu vermeiden, wird das Ganze noch mit Zeitungspapier abgedeckt.
Gefällt der Druck nicht in Gestaltung oder Qualität, kann wiederholt Uhu aufgetragen werden, der wie zuvor fest trocknen muß.

8. Schnurdruck

Für den Schnurdruck ist die Qualität der Schnur besonders wichtig. Sie sollte gleichmäßig stark, biegsam und saugend sein. Eine Stärke von 4 bis 5 mm ist am besten geeignet. Auch Kordeln oder dicke Wollfäden können verwendet werden. Durch Anfeuchten der Schnur kann sie geschmeidiger gemacht werden.
Die Schnüre sollten sich nicht überlagern oder kreuzen (evtl. Schnur an Kreuzstelle zerschneiden). Schnurdruck verlangt Vereinfachung des Dargestellten; durch kürzere Stücke kann jedoch eine Musterung oder Strukturierung erzeugt werden.
Die Schnur wird themengemäß in der verlangten Form aufgeklebt. Sparsamer Auftrag des Klebers verhindert ein Verschmieren des Bildes.
Abzüge können im Frottageverfahren (s.d.) oder durch Einfärben und Abdruck des Druckstockes (vgl. 6., 'Materialdruck') hergestellt werden.
Auch ein Abdrucken in Plastilin ist möglich. Durch Ausgießen der Negativform mit Gips erhält man ein Relief.
Die Verwendung von Abdrücken als Glückwunschkarten wirkt zusätzlich motivierend.

Exkurs: **Frottage** (Materialdurchrieb)

Diese Technik ist bei Kindern sehr beliebt und kann auch im Kunstunterricht der dritten Jahrgangsstufe eingesetzt werden.
Dabei liegt der durchzureibende Gegenstand, z. B. Münzen, bzw. die Druckplatte (vgl. Schnurdruck) unter dem Zeichenblatt. Mit weichem Bleistift oder Wachsstiften wird nun übermalt, wobei die Handhaltung des Stifts (flach bis senkrecht)

für das Ergebnis von Bedeutung ist (experimentell erproben!!). Am besten hält man die Wachsstifte quer, so daß eine möglichst große Fläche bestrichen werden kann. Empfehlenswert sind Wachsfarben in Blockform (Fa. Stockmar, 2358 Kaltenkirchen). Eine klare Begrenzung erhält das Bild, wenn die Ränder der Druckplatte besonders deutlich durchgerieben werden.
Die Frottage findet nur bei der Aufgabe "Onkel Dagoberts Geldberg" ihre Anwendung. Es empfiehlt sich jedoch, auch die für die anderen Drucktechniken hergestellten Druckstöcke einmal im Frottageverfahren durchzureiben.

TA/SKIZZE

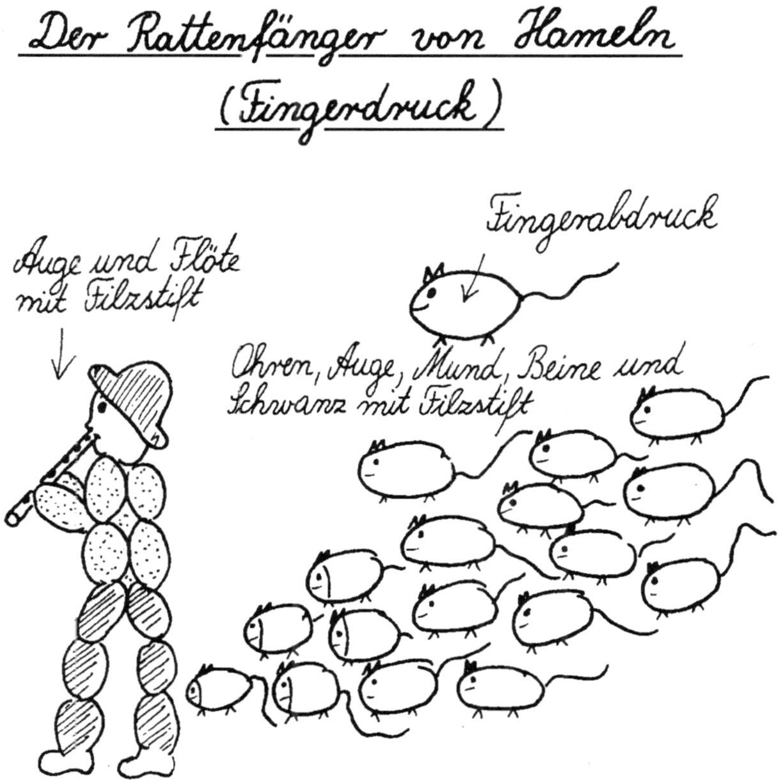

DRUCKEN

LERNINHALT

Kennenlernen bzw. Wiederholung der Technik des Fingerdrucks

THEMA

Der Rattenfänger von Hameln

QUERVERBINDUNGEN

Deutsch: Lesen

TECHNIK

Fingerdruck (evtl. komb. mit Malen oder Collage)

ARBEITSMITTEL

Zeichenblatt DIN A3, Deckfarben oder Fingerfarben, schwarzer Filzstift (evtl. Pinsel, Schere, Kleber)

MÖGLICHER EINSTIEG

Lesen der Geschichte im Deutschunterricht.

ÜBERLEGUNGEN zur AUFGABE

- Besprechung der Technik des Fingerdrucks - freies Experimentieren;
  Erkenntnisse: - Unterschiedliche Größe je nach Wahl und Abdruck der Finger;
  - Fingerkuppe zum Drucken am besten geeignet;
  - Wasserfarbtopf muß angefeuchtet werden;
- Weiterführung: aus dem Fingerabdruck wird eine Ratte: Ergänzung der fehlenden Details mit schwarzem Filzstift (vgl. TA);
- Besprechung der Raumaufteilung und Gestaltung:
  - Rattenfänger: links unten, evtl. nur Oberkörper
    Technik: ebenfalls im Fingerdruck, gemalt oder Collage
  - Ratten: lange, breite Schlange, nach hinten zu kleiner werdend;
  - Hintergrund: wässriges Bemalen (schnelle Schüler können nach Fertigstellung des Drucks kleine Häuser malen);
- Ausführung der Arbeit im Fingerdruck;

Schüler zum Waschen am Waschbecken einteilen!

MÖGLICHE ALTERNATIVEN/BEMERKUNGEN/NOTIZEN

Alt.: Blumenstrauß, Rosette eines Kirchenfensters

TA/SKIZZE

Prachtfisch

(Kartoffeldruck)

Wir brauchen folgende Stempel:

DRUCKEN

LERNINHALT

Kennenlernen der Technik des Kartoffeldrucks

THEMA

Prachtfisch

QUERVERBINDUNGEN

TECHNIK

Kartoffeldruck

ARBEITSMITTEL

2-3 große Kartoffeln, Küchenmesser, Zeichenpapier, Pinsel, Deckfarben (evtl. Plaka- oder Linoldruckfarben)

MÖGLICHER EINSTIEG

Spannend erzählte Geschichte vom Fisch 'Prachtulux', der im Spiegel sein Aussehen bewundert: Ovaler Fischkörper, umgeben von grünschimmernder Haut, kleine dreieckige Seitenflossen, große Schwanzflosse, bestehend aus kleinen Dreiecken, halbmondförmige Schuppen ...
Zufrieden mit sich selbst blubbert Prachtulux Luftblasen ins Wasser.
(L zeichnet Fisch entsprechend an TA)

ÜBERLEGUNGEN zur AUFGABE

- Besprechung der Technik des Kartoffeldrucks;
- Erarbeitung für die Thematik geeigneter Stempelformen;
  Herstellung der Stempel;
- Experimentelles Erproben zum Farbauftrag:
  Erkenntnisse:
  - Dicker Farbauftrag erzielt schärfere Konturen;
  - Mehrmaliger Abdruck wirkt effektvoll;
- Gestaltung:
  - Fisch möglichst nicht mit Bleistift vorzeichnen, blattfüllend;
  - Stempel einfärben und abdrucken;
  - Hintergrund mit Luftblasen gestalten;
- Besprechung der Arbeiten.

MÖGLICHE ALTERNATIVEN/BEMERKUNGEN/NOTIZEN

Alt.: Kirche, Häuser

TA/SKIZZE

Schmetterling
(Korkdruck)

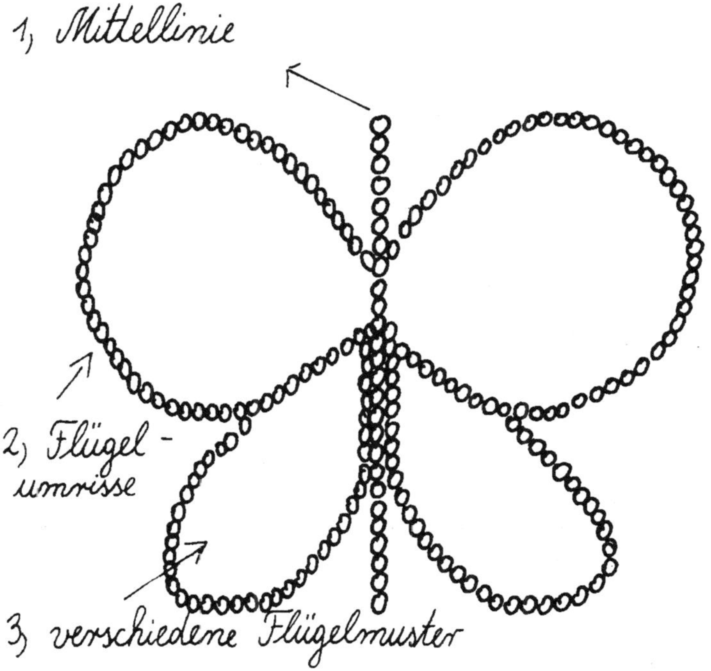

DRUCKEN

LERNINHALT

Kennenlernen bzw. Wiederholung der Technik des Korkdrucks

THEMA

Schmetterling

QUERVERBINDUNGEN

TECHNIK

Korkdruck

ARBEITSMITTEL

verschieden große Korken,
Deckfarben,
Zeichenpapier DIN A3

MÖGLICHER EINSTIEG

Evtl. Ausgang von der Natur: Erste Schmetterlinge sind zu sehen;

Betrachtung schön geschmückter Schmetterlinge auf Dias.

ÜBERLEGUNGEN zur AUFGABE

- Klärung der Technik des Korkdrucks
  freies Experimentieren:
  Erkenntnisse:
  - Dicker Farbauftrag erzielt schärfere Konturen;
  - Mehrmaliger Abdruck des eingefärbten Stempels möglich;
  - Kantenabdruck des Korkens möglich;
- Gestaltung (Modell an TA, kein Vorzeichnen auf dem Zeichenpapier):
  - Ausgang von Mittellinie des Schmetterlings;
  - Gestaltung der Flügelumrisse;
  - Füllen der Flügel mit verschiedenen Mustern;
  - freie Farbwahl;
- Hintergrund kann leicht blau oder grün gefärbt werden;
- Ausführung der Druckarbeit;
- Besprechen der Arbeiten und Ausstellen.

MÖGLICHE ALTERNATIVEN/BEMERKUNGEN/NOTIZEN

TA/SKIZZE

Spinnennetz
(Pappkantendruck)

1) Verschieden lange und dicke Pappkanten einfärben;
2) Abdrucken in der Form eines Spinnennetzes

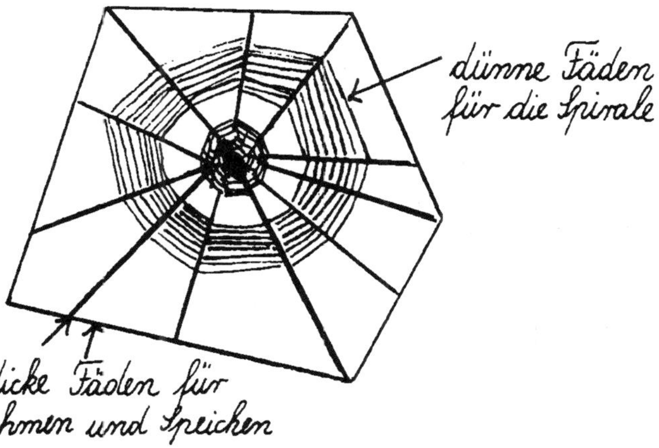

DRUCKEN

LERNINHALT

Kennenlernen der Technik eines einfachen Materialdrucks

THEMA

Spinnennetz

QUERVERBINDUNGEN

TECHNIK

Pappkantendruck

ARBEITSMITTEL

Pappe (verschiedene Stärken), Deckfarben, Pinsel, Schere, Zeichenblatt DIN A4

MÖGLICHER EINSTIEG

Bilder von Spinnennetzen;

Bewunderung der kunstvollen Gebilde;

ÜBERLEGUNGEN zur AUFGABE

- Kennenlernen der Technik:
  - Wiederholung bereits erworbener Kenntnisse;
  - Überlegung, welches Material als Druckstock geeignet sein könnte (Gegensatz zum bisherigen großflächigen Druck: schmal, länglich);
  - Kennenlernen des Pappkantendrucks:
    Verschieden lange und dicke Pappkanten werden mit Farbe eingestrichen und abgedruckt.
- Betrachtung der Eigenart von Spinnetzen: Dicke, Länge, Anordnung der Fäden;
- Gestaltung der Aufgabe:
  - Hintergrund hell bemalen (grünlich, bräunlich);
  - Herschneiden verschieden langer und dicker Pappkanten;
  - Abdruck in der Form eines Spinnennetzes;
- Schnelle Schüler können in die Warte mit Bleistift eine Spinne zeichnen.

MÖGLICHE ALTERNATIVEN/BEMERKUNGEN/NOTIZEN

Alt.: Gräser, Schilf

TA/SKIZZE

Wir lernen den Materialdruck kennen

Das alles kannst du verwenden (Druckstock):

geknülltes Papier oder Folie, Wellpappe, Reliefstapeten, Schnur, Strohmatte, Federn, Laub, Tannenzweige, Getreide, Leiste aus dem Malkasten, Holzstücke, Bauklötze, Styropor, Nagelköpfe usw.

Seitentafel

Wir lernen den Materialdruck kennen

Das brauchst du:

Druckfarbe, zwei Gummiwalzen, Glasplatte, Papier

So gehst du vor:

1,  Druckfarbe auf Glasplatte gleichmäßig aufwalzen;

2,  Farbe mit derselben Walze abnehmen;

3,  Farbe auf Druckstock (Vorderseite) auftragen,

4,  Druckstock auf Papier legen;

5,  Mit sauberer Gummiwalze kräftig überrollen

Haupttafel

DRUCKEN

LERNINHALT

Kennenlernen der Technik eines einfachen Materialdrucks (Einführung)

THEMA

Wir lernen den Materialdruck kennen.

QUERVERBINDUNGEN

TECHNIK

Materialdruck (Experimentelles) Erkunden)

ARBEITSMITTEL

Druckstöcke (vgl.Seit.-TA), Druckfarbe (Deck-), Druckpapier (DIN A3 od. A4), zwei Gummiwalzen, Glasplatte

MÖGLICHER EINSTIEG

Vorzeigen von Schülerarbeiten aus früheren Jahrgängen

ÜBERLEGUNGEN zur AUFGABE

- SS äußern Vermutungen zur Technik anhand der vorgestellten Arbeiten;

Kennenlernen der Technik (THEORIE):
- L zeigt das für den Druck nötige Material
- Erarbeitung der Technik im LSG (vgl. TA: 'So gehst du vor')

Erproben der Technik (PRAXIS):
- L verteilt an jede Gruppe obiges Material und verschiedene Druckstöcke;
- SS erkunden und erproben die neue Technik;
- anschl. Erstellung der TA: 'Das alles kannst du verwenden' (im Brainstorming können noch weitere Druckstöcke gefunden werden);
- Herzeigen der beim Experimentieren entstandenen Werke: Feststellung: auch zarte Details lassen sich abdrucken; evtl. Ratespiel: 'Was diente hier als Druckstock?'

Ideal wäre es, wenn die SS die neue Technik spontan in einer Thematik umsetzen.

MÖGLICHE ALTERNATIVEN/BEMERKUNGEN/NOTIZEN

TA/SKIZZE

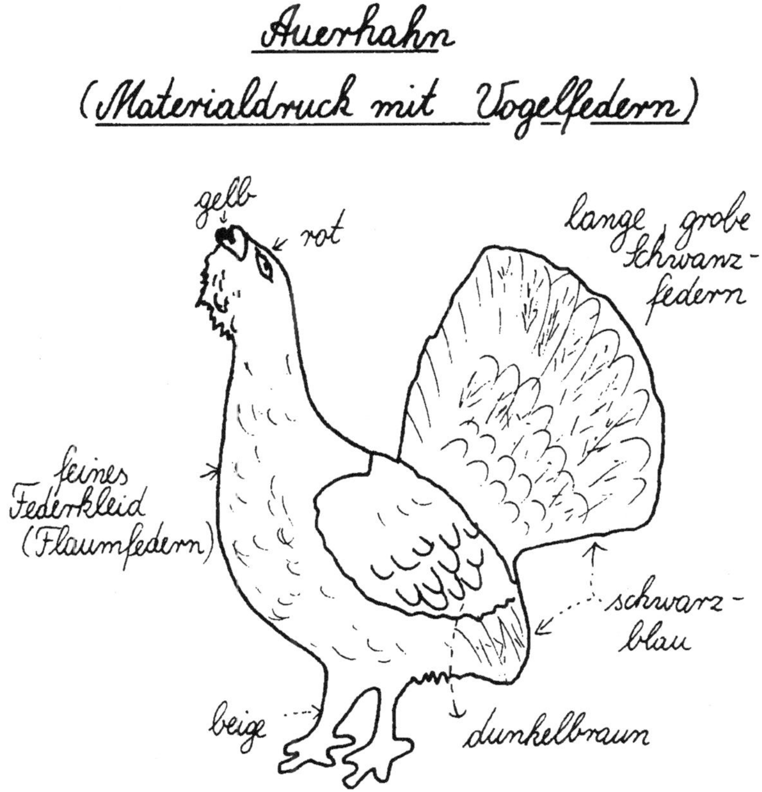

DRUCKEN

LERNINHALT

Kennenlernen der Technik eines einfachen Materialdrucks

THEMA

Auerhahn

QUERVERBINDUNGEN

HSK

TECHNIK

Materialdruck mit Federn (erhöhter Schwierigkeitsgrad)

ARBEITSMITTEL

Federn von Tauben, Hühnern ... (große und kleine), Druckfarbe, Glasplatte, Walze, Zeichenpapier DIN A3.

MÖGLICHER EINSTIEG

Dias von Auerhähnen

falls vorhanden: Wandbild mit großformatiger Darstellung eines Auerhahns

ÜBERLEGUNGEN zur AUFGABE

- Besprechen der wesentlichen Merkmale und Beschriftung der im voraus gefertigten Tafelzeichnung. Wesentlich ist die Besprechung des unterschiedlichen Federkleids: lange, grobe Schwanzfedern, kleine, weiche Flaumfedern an Kopf und Brust bzw. Flügel.
- Wdhg. der Technik des Materialdrucks,
  evtl. Anleitung zur Farbwahl und Farbmischung;
- Vorzeichnen des Vogelkorpus leicht mit Bleistift (dicke Linie an TA)
  (blattfüllend, Querformat);
- Malen: Hintergrund: bräunlich bis grünlich lasieren;
  Auerhahn: gräulich lasieren, Schnabel, Augen und Beine bemalen;
- Drucken des Federkleides mit Federn entsprechend TA
- Ausstellung, Verwendung als Plakat zum Naturschutz.

MÖGLICHE ALTERNATIVEN/BEMERKUNGEN/NOTIZEN

Ente, Pfau (je nach Federnmaterial)

TA/SKIZZE

Geschenkpapier

(Druck mit Naturmaterial)

z.B. Zwiebel oder Kohl

1, Herstellen des Druckstocks

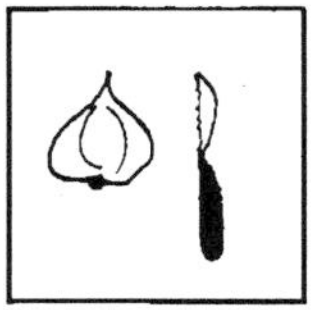

Herschneiden einfacher Formen aus Zwiebel und Kohl;

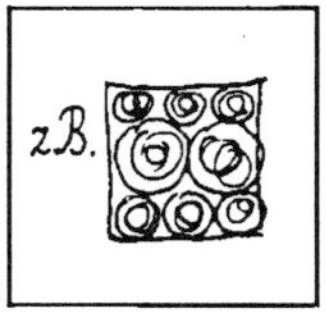

Aufkleben der Formen in einem Muster auf Karton.

2) Ausführung der Druckarbeit:
mehrmaliger gleichmäßiger Abdruck

DRUCKEN

LERNINHALT

Kennenlernen der Technik eines einfachen Materialdrucks (Naturmaterialien)

THEMA

Geschenkpapier

QUERVERBINDUNGEN

HSK: Feste und Feiern
Dt.: Lesen

TECHNIK

Druck mit Naturmaterialien

ARBEITSMITTEL

Zwiebeln, Kohl, ...
Karton, Uhu, Messer, Walze, Deckfarben, Pinsel, Zeichenpapier DIN A3

MÖGLICHER EINSTIEG

Anlässe zum Feiern nützen: Weihnachten, Ostern, Muttertag, Geburtstage

Geschenkpapier zeigen, evtl. Schülerarbeiten aus früheren Jahrgängen

ÜBERLEGUNGEN zur AUFGABE

- Erkundung und Erprobung der Möglichkeiten und Wirkungen des natürlichen Druckmaterials;
- Klären der Technik unter Wiederholung bisher erworbener Kenntnisse, Austausch der gemachten Erfahrungen und Anwendung in der Thematik;
- Herschneiden von verschiedenen Formen aus den Naturmaterialien;
- Aufkleben eines Mustes auf Karton;
- Einfärben mit Druckfarben oder Deckfarben (Walze oder Pinsel);
- mehrmaliges gleichmäßiges Abdrucken, so daß ein Geschenkpapier entsteht;

MÖGLICHE ALTERNATIVEN/BEMERKUNGEN/NOTIZEN

TA/SKIZZE

Wunderbaum

(Materialdruck mit Blättern)

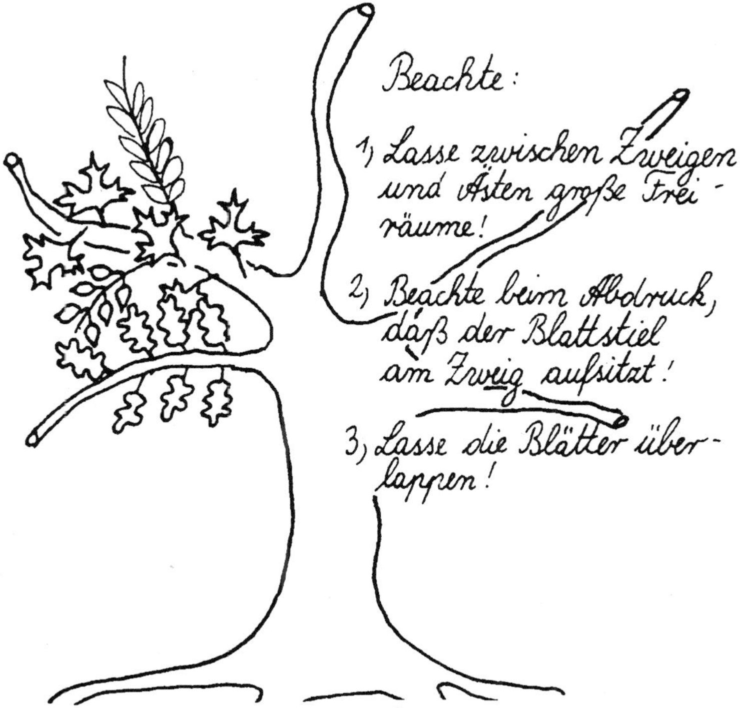

DRUCKEN

LERNINHALT

Kennenlernen der Technik eines einfachen Materialdrucks

THEMA

Wunderbaum

QUERVERBINDUNGEN

HSK

TECHNIK

Materialdruck mit Blättern von Laubbäumen

ARBEITSMITTEL

Herbstlaub, Druckfarbe, Glasplatte, Walze, Zeichenpapier DIN A3 oder großformatiges Kartonpapier

MÖGLICHER EINSTIEG

Märchen vom Wunderbaum (etwa: Es war einmal ein Baum, ganz anders wie andere Bäume. Jeder Zweig war mit verschiedenen Blättern bewachsen, großen und kleinen, schmalen und breiten, gezackten und glatten, gelben, roten, grünen und braunen ...)

Dias von Laubbäumen (Großaufnahmen der Blätter)

ÜBERLEGUNGEN zur AUFGABE

- Sammeln von sauberem Herbstlaub;
- Aufzeichnen eines Baumes (Stamm, Äste) im Großformat;
- Besprechen der Technik - Besprechungsergebnisse:
  - Abdruck der Blätter so, daß deren Stiele an den Zweigen ansitzen;
  - Abwechseln der Blätter;
  - Blattgröße passend zum Raum auswählen;
  - Überlappung der Blätter möglich;
- Ausführung
  - Wiederholung der Technik des Materialdrucks;
  - Einfärben der Blattoberseite mit Druck- oder Deckfarben (verschiedene Farben verwenden);
  - Abdruck
- Besprechen und Ausstellen der Arbeiten.

MÖGLICHE ALTERNATIVEN/BEMERKUNGEN/NOTIZEN

TA/SKIZZE

Safari (Uhudruck)

Mögliche Tiere:

Löwe, Giraffe, Zebra, Elefant, Leopard, Kamel, Nashorn

1,  Aussuchen einer Vorlage;

2,  wichtige Stellen mit Uhu nachfahren;

3,  trocknen lassen;

4,  mit Farbe einwalzen;

5,  abdrucken

Seitentafel

Haupttafel

DRUCKEN

LERNINHALT

Kennenlernen der Technik eines einfachen Materialdrucks (Uhudruck)

THEMA

Safari
(Gemeinschaftsarbeit)

QUERVERBINDUNGEN

TECHNIK

Uhudruck

ARBEITSMITTEL

Zeitschriften, Malbücher, Uhu, Plakafarben, Walzen, Experimentierpapier

MÖGLICHER EINSTIEG

L-Erz. von einer Safarireise oder, falls vorhanden, kurzer Filmausschnitt (z.B. Videoaufnahme einer Fernsehsendung)

ÜBERLEGUNGEN zur AUFGABE

- Auflistung von bei einer Safari vorkommenden Tieren (Brainstorming, vgl. TA);
- Suchen von Vorlagen in (Tier-)Zeitschriften oder Malbüchern (Versuch, insgesamt möglichst viele verschiedene Tiere in verschiedenen Stellungen zu bekommen);
- Kennenlernen der Technik des Uhudrucks (vgl. TA) unter Wiederholung bisher erworbener Kenntnisse;
- Ausführen der Uhuarbeit (je Schüler ein Tier);
- Abdruck aller Motive auf beiges Kartonpapier.

MÖGLICHE ALTERNATIVEN/BEMERKUNGEN/NOTIZEN

Bem.: Nicht tropffreien Alleskleber verwenden!

TA/SKIZZE

Gespenstertreffen
(Schnurdruck)

Aufkleben der Schnur auf Karton (Druckstock) in Gespensterform;

Druckfarbe auf Glasplatte walzen;

Druckstock auf Platte legen; mit sauberer Walze darüberwalzen;

Abdruck des Gespenstes mehrmals auf Zeichenblatt.

DRUCKEN

LERNINHALT

Kennenlernen der Technik des Schnurdrucks

THEMA

Gespenstertreffen
(Gemeinschaftsarbeit möglich)

QUERVERBINDUNGEN

Dt.: Lesen

TECHNIK

Schnurdruck

ARBEITSMITTEL Schnur (4-5 mm dick, biegsam, saugend, gleichmäßig), Schere, Uhu, Grundplatte aus Karton (DIN A4), Druckfarbe, Glasplatte, Gummiwalze

MÖGLICHER EINSTIEG

Gedicht: "Der Faden" von J. GUGGENMOS

ÜBERLEGUNGEN zur AUFGABE

- Freies Spiel mit Schnüren (Entwickeln verschiedener Möglichkeiten der Linienführung - wirkungsvoller Einsatz des Tageslichtprojektors);
- Entwicklung der Schnur zu einem Gespenst (kl. Schnurstücke als Augen);
- Aufkleben der Schnur auf Karton (Druckstock);
- Zeichenblatt dunkelblau bis schwarz grundieren (od. schwarzes Kartonpapier);
- weiße Druckfarbe auf Glasplatte walzen, Druckstock (Schnurseite) auf Glasplatte legen, mit sauberer Walze darüberwalzen;
- mehrmaliger Abdruck des Gespenstes auf Zeichenpapier (Gruppenbildung) (bei Gemeinschaftsarbeit Abdruck aller Gespenster auf großformatigem schwarzem Kartonpapier);

MÖGLICHE ALTERNATIVEN/BEMERKUNGEN/NOTIZEN

Anm.: Thematik auch in der Durchreibetechnik möglich. Hierbei werden die Druckstöcke unter das weiße Papier gelegt und mit weichem Bleistift oder Wachsmalstift durchgerieben (flach auflegen und bewegen).

TA/SKIZZE

Onkel Dagoberts

Geldberg

(Durchreibetechnik)

1, Lege die Münze unter das Papier!

2, Fahre dann mit weichem Stift darüber, bis die Münze erkennbar ist.

Beachte:
- Nimm einen weichen Stift!
- Drücke nicht zu stark auf!
- Halte den Stift leicht schräg!

DRUCKEN

LERNINHALT

Kennenlernen der Frottage

THEMA

Onkel Dagoberts Geldberg

QUERVERBINDUNGEN

Deutsch: Comics
Mathematik: Geld

TECHNIK

Frottage

ARBEITSMITTEL

kleine Geldmünzen, weicher Bleistift oder Wachsmalstifte, Experimentierpapier, Zeichenpapier DIN A4

MÖGLICHER EINSTIEG

Abb. von "Onkel Dagobert" -
freie SS-Äußerungen zu der Comicfigur

Onkel Dagobert besitzt sehr viel Geld; (einen Berg Geld)

ÜBERLEGUNGEN zur AUFGABE

- Schüler schlagen vor, wie man den Geldberg am besten darstellen könnte
  Durchreiben von Münzen (Frottage)
- Experimentelles Handhaben der Technik:
  Erkenntnis:
  - Ein weicher Bleistift oder Wachsmalstift eignet sich am besten.
  - Der Stift darf nicht zu stark aufgedrückt werden.
  - Eine leichte Schräghaltung des Stifts erleichtert das Durchreiben.
- Ausführen der Frottage mit kleinen Geldmünzen
  in der Form eines Berges;
- Ausstellen der Arbeiten.

MÖGLICHE ALTERNATIVEN/BEMERKUNGEN/NOTIZEN

Onkel Dagoberts
Geldberg

MALEN

Farbe ist zwar auch im Bereich "Schmücken" und "Drucken" enthalten, doch spielt sie hier eine der Linie untergeordnete, dem Kind vorbehaltene Rolle. Malen dagegen entspricht einem im Grunde gegenstandsunabhängigen Herstellen von Farbbeziehungen.
Schwerpunkte der Unterrichtsarbeit in der dritten Jahrgangsstufe sind M i s c h - f a r b e n und F a r b k o n t r a s t e .

Farben:

Die Farben 'schlafen' in ihren Schälchen. Sie müssen mit Wasser 'aufgeweckt' werden (--- Wasser mit Pinsel aufstreichen). Freilich sind sie dann nicht gleich 'hellwach' (--- Zeit zum Einweichen lassen; nicht herumkratzen, bis der Pinsel die Haare verliert).
Deckweiß in Tuben muß durch Verrühren mit Wasser streichfähig gemacht werden. Das Schließen der Tube erfordert etwas Geschick; falsch zugeschraubte Tuben trocknen sehr schnell aus. Es empfiehlt sich daher, vor allem, wenn nur kleine Mengen gebraucht werden, daß der Lehrer jedem Kind etwas Deckweiß auf den Deckel des Malkastens gibt. Deckweiß kann man auch billig selbst aus Farbpulver (Kalkpulver, in Drogerien erhältlich) und Tapetenkleister (Zelleim, Glutofix oder Kaparol) herstellen.

Malweise:

Zum deckenden Malen tritt das transparente, das durch Lasieren (wässrige Konsistenz der Farbe) erzielt wird.

Pinsel:

Der Pinsel nimmt nur eine beschränkte Menge an Flüssigkeit auf und muß nach einiger Zeit wieder neu eingetaucht werden. Man muß nicht jedesmal den Pinsel auswaschen und das ganze Malwasser umrühren. Es genügt, die Pinselspitze ruhig in das Wasser zu halten. Infolge der Kapillarwirkung saugt sich der Pinsel von selbst voll, das Malwasser bleibt sauber.
Die Pinselquaste wird wie eine Schleppe hinterhergezogen, beim Hin- und Herfahren verspritzt die Farbe, die Quaste schnippt um und folgt nicht der Kontur.

Papier:

Saugfähiges Papier eignet sich besser als geleimtes, weil sich nicht so leicht Pfützen bilden.
Für das Malen von Schnee empfiehlt es sich, selbst eingefärbtes Papier oder graues bzw. braunes Tonpapier zu verwenden. So werden die Schüler nicht gezwungen, Schnee gelb oder blau zu malen.

Kontraste:

Kontraste entstehen, werden erkannt und benannt. Hierbei spielen die Komplementärfarben (nur zunächst ohne ihre Bezeichnung) die größte Rolle.

Komplementärkontrast:

Unter Komplementärfarben versteht man zwei sich im Farbenkreis gegenüberliegende Farben. Die Gegenfarbe zu Rot ist Grün, zu Blau Orange und zu Lila Gelb.

Hell - Dunkel - Kontrast:

Helligkeit und Dunkelheit der Farben wirkt sich entscheidend auf die Wirkung des Bildes aus. Aufhellen der Farben erfolgt mit Weiß, Abdunkeln mit Schwarz.

Quantitätskontrast und **Qualitätskontrast:**

Beim Quantitätskontrast steht das Viel der einen Farbe dem Wenig einer anderen Farbe gegenüber.
Mit Qualitätskontrast bezeichnet man den Gegensatz zwischen reinen, klaren, leuchtenden und trüben, gebrochenen Farben.

TA/SKIZZE

Wir stellen Rottöne her

Gelb	Preußisch-blau	Ocker	Weiß

Rottöne können durch Mischen von Rot mit anderen Farben erreicht werden.

Anm.: In jeder Spalte vergrößert sich nach unten zu der Anteil der zugemischten Farbe.

MALEN

LERNINHALT

Malen mit Wasserfarben -

Farben mischen, aufhellen, abdunkeln

THEMA

Rottöne (Mischübungen)

QUERVERBINDUNGEN

TECHNIK

Malen mit Deckfarben

ARBEITSMITTEL

Deckfarben, Deckweiß, Pinsel, Experimentierblatt, Zeichenblatt DIN A4

MÖGLICHER EINSTIEG

Sammeln und Betrachten verschiedener Rottöne in Zeitschriften,
Zusammenstellung einer Farbpalette mit Wollfäden,
Brainstorming über verschiedene Rottöne in der Schulumgebung
(Hausdächer, Mauerungen, Verkehrsschilder, Schultaschen, Kleidung ...)

ÜBERLEGUNGEN zur AUFGABE

- Selbstherstellung von Rottönen durch Ausprobieren von Mischungen auf dem Experimentierblatt;

  Benennung der beim freien Experimentieren gewonnenen Rottöne;
  Erkenntnis: Rottöne kann man durch Mischen von Rot mit anderen Farben erreichen.
- Sicherung: Einteilung des Zeichenblattes durch Falten in 16 Felder, Mischen nach Anleitung, Bemalung und Beschriftung der Felder (vgl. TA);
- Säuberung des Malkastens.

MÖGLICHE ALTERNATIVEN/BEMERKUNGEN/NOTIZEN

TA/SKIZZE

Feuer im offenen Kamin (Rottöne)

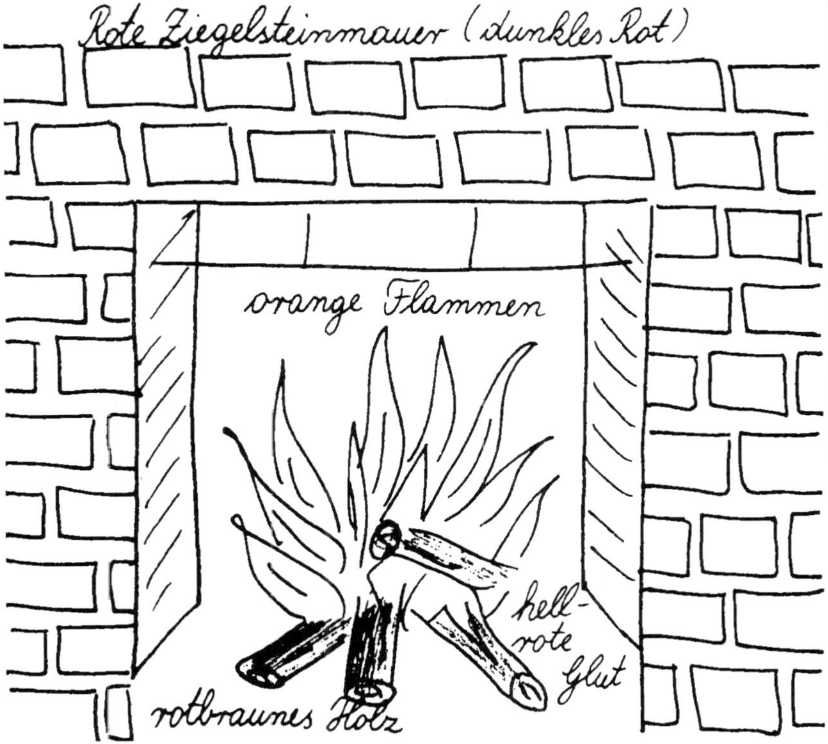

MALEN

LERNINHALT

Malen mit Wasserfarben -

Farben mischen, aufhellen, abdunkeln;
Farbtöne abstimmen;
deckend und transparent malen

THEMA

Feuer im offenen Kamin

QUERVERBINDUNGEN

TECHNIK

Malen mit Deckfarben

ARBEITSMITTEL

Deckfarben, Pinsel, Zeichenpapier DIN A3

MÖGLICHER EINSTIEG

L-Erz. (z.B.: Die Katze Muschi war den ganzen Tag bei Eiseskälte draußen. Sie kommt in die warme Stube und räkelt sich wohlig auf dem Teppich vor dem offenen Kamin, in dem die Flammen munter lodern.)

ÜBERLEGUNGEN zur AUFGABE

- Beschreibung des Aufbaus eines offenen Kamins (TA);
- Überlegungen zur Farbwahl,
  Besprechung der vorkommenden Rottöne (vgl. TA) unter Rückgriff auf die vorhergehende Kunststunde: Mischung von Rottönen (Wdhlg.);
- Überlegungen zur Flächenaufteilung:
  Feuerstelle groß, in der Mitte am unteren Blattrand;
  Ziegelsteinmauer im Hintergrund (nicht mit Lineal!);
- Kreative Gestaltung;
- Besprechung, Würdigung besonders gut gelungener Arbeiten.

MÖGLICHE ALTERNATIVEN/BEMERKUNGEN/NOTIZEN

Alt.: Sonnenuntergang / Vulkanausbruch

TA/SKIZZE

Wir stellen Brauntöne her

Weiß	Gelb	Zinnober-rot	Preußisch-blau

Brauntöne können durch Mischen von Braun mit anderen Farben erreicht werden.

Anm.: In jeder Spalte vergrößert sich nach unten zu der Anteil der zugemischten Farbe.

MALEN

LERNINHALT

Malen mit Wasserfarben -

Farben mischen, aufhellen, abdunkeln

THEMA

Brauntöne (Mischübungen)

QUERVERBINDUNGEN

TECHNIK

Malen mit Deckfarben

ARBEITSMITTEL

Deckfarben, Deckweiß, Pinsel, Experimentierpapier, Zeichenblatt DIN A4

MÖGLICHER EINSTIEG

Kunstbetrachtung: "Alte Schuhe" (VAN GOGH)

Sammeln und Betrachtung verschiedener Brauntöne in Zeitschriften bzw. in Natur

ÜBERLEGUNGEN zur AUFGABE

- Selbstherstellung von Brauntönen durch Ausprobieren von Mischungen auf einem Experimentierblatt;
  Benennung der beim freien Experimentieren gewonnenen Brauntöne;

  Erkenntnis: Brauntöne können durch Mischen von Braun mit anderen Farben erreicht werden;
- Sicherung: Einteilung des Zeichenblattes durch Falten in 16 Felder, Mischung nach Anleitung, Bemalung und Beschriftung der Felder (vgl. TA);
- Säuberung des Malkastens.

MÖGLICHE ALTERNATIVEN/BEMERKUNGEN/NOTIZEN

TA/SKIZZE

Wir stellen Gelbtöne her

Weiß	Zinnober-rot	Gelb-grün	Ocker

Gelbtöne können durch Mischen von Gelb mit anderen Farben erreicht werden.

Anm.: In jeder Spalte vergrößert sich nach unten zu der Anteil der zugemischten Farbe.

MALEN

LERNINHALT

Malen mit Wasserfarben -

Farben mischen, aufhellen, abdunkeln

THEMA

Gelbtöne (Mischübungen)

QUERVERBINDUNGEN

TECHNIK

Malen mit Deckfarben

ARBEITSMITTEL

Deckfarben, Deckweiß, Pinsel,
Zeichenblatt DIN A4,
Experimentierpapier

MÖGLICHER EINSTIEG

Sammeln und Betrachten verschiedener Gelbtöne in Zeitschriften,

Zusammenstellung einer Farbpalette aus Wollfäden

ÜBERLEGUNGEN zur AUFGABE

- Selbstherstellung von Gelbtönen durch Ausprobieren von Mischungen auf einem Experimentierblatt;
  Benennung der beim freien Experimentieren gewonnenen Gelbtöne;

  Erkenntnis: Gelbtöne kann man durch Mischen von Gelb mit anderen Farben erreichen.
- Sicherung: Einteilung des Zeichenblattes durch Falten in 16 Felder, Mischen nach Anleitung, Bemalung und Beschriftung der Felder (vgl. TA);
- Säuberung des Malkastens.

MÖGLICHE ALTERNATIVEN/BEMERKUNGEN/NOTIZEN

TA/SKIZZE

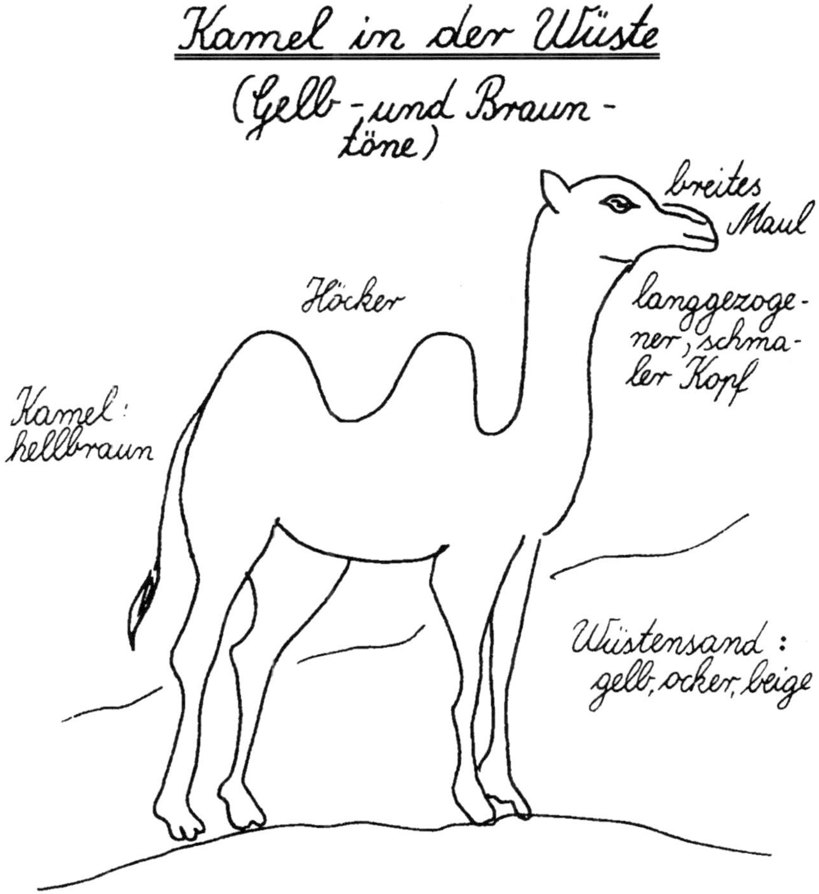

MALEN

LERNINHALT

Malen mit Wasserfarben -

- Farben mischen, aufhellen, abdunkeln
- Farbtöne abstimmen
- deckend und transparent malen

THEMA

Kamel in der Wüste

QUERVERBINDUNGEN

TECHNIK

Malen mit Deckfarben

ARBEITSMITTEL

Deckfarben, Deckweiß, Pinsel, Zeichenblatt DIN A3

MÖGLICHER EINSTIEG

Dia oder Bild eines Kamels oder einer Karawane - freie SS-Äußerungen

ÜBERLEGUNGEN zur AUFGABE

- Rückgriff auf Erkenntnisse der vorhergehenden Kunststunden (Sicherung): Mischen von Gelb- und Brauntönen
- Erarbeitung:
  Merkmale des Kamels (vgl. TA);
  Blattaufteilung: Kamel möglichst blattfüllend,
  Hintergrund Wüstensand;
  Farbwahl: Gestaltung ausschließlich mit Gelb- und Brauntönen (s. TA)
  Hintergrund wässrig malen, anschließend das Kamel bemalen;
- Kreative Gestaltung
- Besprechung und Herausstellung gut gelungener Arbeiten.

MÖGLICHE ALTERNATIVEN/BEMERKUNGEN/NOTIZEN

Alt.: Schlangen im Sand, Löwe in der Steppe

TA/SKIZZE

Wir stellen Grüntöne her

Preußisch-blau	Gebr. Siena	Gelb	Weiß

Grüntöne können durch Mischen von Grün mit anderen Farben erreicht werden.

Anm.: In jeder Spalte vergrößert sich nach unten zu der Anteil der zugemischten Farbe.

MALEN

LERNINHALT

Malen mit Wasserfarben

Farben mischen, aufhellen, abdunkeln

THEMA

Grüntöne (Mischübungen)

QUERVERBINDUNGEN

evtl. HSK: Natur

TECHNIK

Malen mit Deckfarben

ARBEITSMITTEL

Deckfarben, Deckweiß, Pinsel, Zeichenblatt DIN A4

MÖGLICHER EINSTIEG

Sammeln und Betrachten verschiedener Grüntöne in Zeitschriften bzw. in der Natur (Frühling/Herbst)

ÜBERLEGUNGEN zur AUFGABE

- Wdhg.: Grün entsteht durch Mischen von Gelb und Blau;
- Selbstherstellung von Grüntönen durch Ausprobieren von Mischungen auf dem Experimentierblatt -
  Benennung der beim freien Experimentieren gewonnenen Grüntöne -

  Erkenntnis: Grüntöne können durch Mischen von Grün mit anderen Farben erreicht werden;
- Sicherung: Einteilung des Zeichenblattes durch Falten in 16 Felder, Mischen nach Anleitung, Bemalung und Beschriftung der Felder (vgl. TA);
- Säuberung des Malkastens.

MÖGLICHE ALTERNATIVEN/BEMERKUNGEN/NOTIZEN

TA/SKIZZE

Frosch auf Seerosenblättern
(Grüntöne)

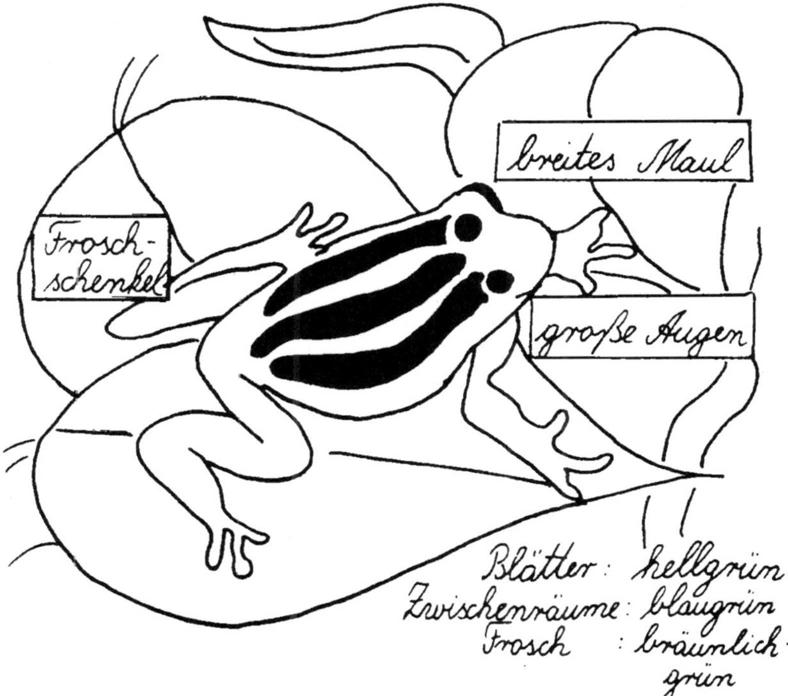

MALEN

LERNINHALT

Malen mit Wasserfarben

Farben mischen, aufhellen, abdunkeln;
Farbtöne abstimmen;
deckend und transparent malen

THEMA

Frosch auf Seerosenblättern

QUERVERBINDUNGEN

HSK: Der Frosch -
Leben in und an einem Gewässer

TECHNIK

Malen mit Deckfarben

ARBEITSMITTEL

Deckfarben, Pinsel,
Zeichenpapier DIN A3

MÖGLICHER EINSTIEG

Spannende L-Erz.: Zwei Kinder spielen an einem mit Seerosen bewachsenen Teich. Sie hören das Gequake eines Frosches, können ihn aber nicht entdecken.

Besonders effektvoll mit medialem Einsatz: Kassette: "Froschgequake"
Dia: "Teich mit Seerosen"

ÜBERLEGUNGEN zur AUFGABE

- SS-Verm.: Frosch sitzt auf einem Seerosenblatt (Tarnfarbe);
- Rückgriff auf Erkenntnisse der vorhergehenden Kunststunden (Sicherung): Grüntöne bekommt man durch Mischen von Grün mit anderen Farben.
- Erarbeitung:
  - Wesentliche Merkmale des Frosches (Maul, Augen, Schenkel; vgl. TA);
  - Form und Größe eines Seerosenblattes (Blatt, Bild oder Dia zum Vorzeigen, TA);
  - Flächenaufteilung und Gestaltung des Hintergrundes (ebenfalls Seerosenblätter);
  - Farbwahl: Gestaltung mit verschiedenen Grüntönen;
- Kreatives Gestalten;
- Besprechung und Herausstellung gut gelungener Arbeiten.

MÖGLICHE ALTERNATIVEN/BEMERKUNGEN/NOTIZEN

TA/SKIZZE

Wir stellen Blautöne her

Gelbgrün	Weiß	Karminrot	Ocker

Blautöne können durch Mischen von Blau mit anderen Farben erreicht werden.

Anm.: In jeder Spalte vergrößert sich nach unten zu der Anteil der zugemischten Farbe.

MALEN

LERNINHALT

Malen mit Wasserfarben

Farben mischen, aufhellen, abdunkeln

THEMA

Blautöne (Mischübungen)

QUERVERBINDUNGEN

TECHNIK

Malen mit Deckfarben

ARBEITSMITTEL

Deckfarben, Deckweiß, Pinsel, Experimentierblatt, Zeichenblatt DIN A4

MÖGLICHER EINSTIEG

Sammeln und Betrachten verschiedener Blautöne in Zeitschriften;

Brainstorming über verschiedene Blautöne in der Natur (Himmel, See, Meer, Fluß, Teich, Weiher, Berge [schneebedeckt], Gebirge ...)

ÜBERLEGUNGEN zur AUFGABE

- Selbstherstellung von Blautönen durch Ausprobieren von Mischungen auf dem Experimentierblatt -
  Benennung der beim freien Experimentieren gewonnenen Blautöne -

  Erkenntnis: Blautöne kann man durch Mischen von Blau mit anderen Farben erreichen.
- Sicherung: Einteilung des Zeichenblattes durch Falten in 16 Felder, Mischen nach Anleitung, Bemalung und Beschriftung der Felder (vgl. TA);
- Säuberung des Malkastens.

MÖGLICHE ALTERNATIVEN/BEMERKUNGEN/NOTIZEN

TA/SKIZZE

In der Eishöhle (Blautöne)

Farbtöne der Zapfen: weiß, blau, lila, grau
Hintergrund: blauschwarz

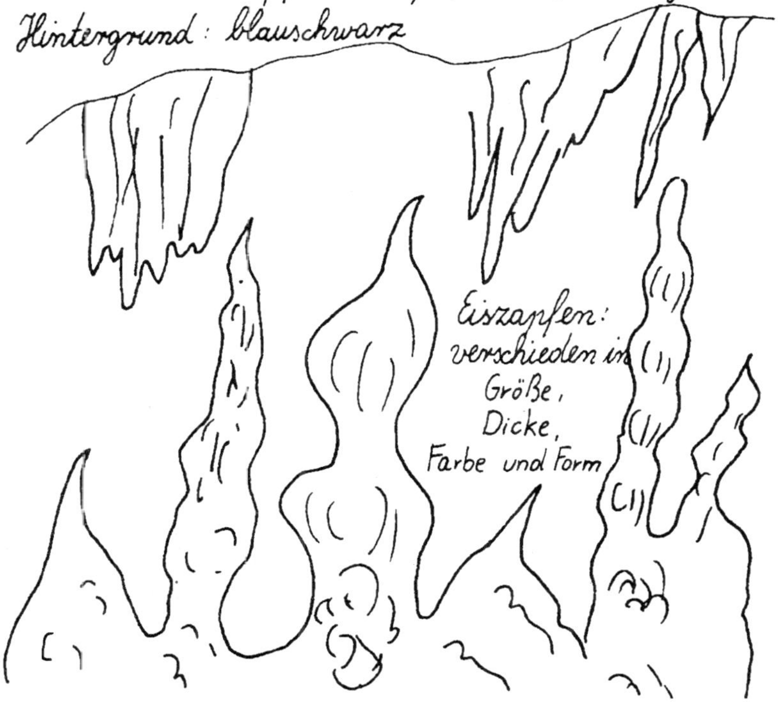

MALEN

LERNINHALT

Malen mit Wasserfarben

- Farben mischen, aufhellen, abdunkeln;
- Farbtöne abstimmen;
- deckend und transparent malen

THEMA

In der Eishöhle

QUERVERBINDUNGEN

HSK

TECHNIK

Malen mit Deckfarben

ARBEITSMITTEL

Deckfarben, Deckweiß, Pinsel, Zeichenblatt DIN A3

MÖGLICHER EINSTIEG

L-Erz.: Der Grottenolm (Dia) lebt in einer Eishöhle. Er erzählt, wie seine Behausung aussieht: Lange bläuliche Eiszapfen hängen von der Decke oder wachsen vom Boden. Manche schimmern lila, manche weißlich, überall glitzert es ... (SS können eigene Erfahrungen einbringen.)
(Evtl. Dias von einzelnen Eiszapfen oder einer Eishöhle.)

ÜBERLEGUNGEN zur AUFGABE

- Rückgriff auf Erkenntnisse der vorhergehenden Kunststunde "Blautöne" (Wiederholung und Sicherung);
- Erarbeitung:
  - Hintergrund: dunkelblau bis schwarz
  - Form des Eiszapfen: am besten anhand von Dias oder Abbildungen (vgl. TA)
  - Farbe der Eiszapfen: weiß, hellblau, gräulich, lila
  - Technik: Naß- in Naßtechnik, so daß die Farben ineinander verlaufen;
- Kreative Gestaltung;
- Besprechung insbesondere hinsichtlich der farblichen Gestaltung;
- Ausstellung.

MÖGLICHE ALTERNATIVEN/BEMERKUNGEN/NOTIZEN

TA/SKIZZE

Fisch mit blauen Schuppen
und blauen Flossen
(Blautöne)

Hintergrund:

dunkelblau, noch naß grüne Algen hineinmalen

Fisch: verschiedene Blau- und Lilatöne, Verwendung heller Farbtöne, um Abheben vom Hintergrund zu erreichen

MALEN

LERNINHALT

Malen mit Wasserfarben -

- Farben mischen, aufhellen, abdunkeln;
- Farbtöne abstimmen;
- deckend und transparent malen

THEMA

Fisch mit blauen Schuppen und blauen Flossen

QUERVERBINDUNGEN

HSK: Leben in Gewässern

TECHNIK

Malen mit Deckfarben

ARBEITSMITTEL

Deckfarben, Deckweiß, Pinsel, Zeichenblatt DIN A3

MÖGLICHER EINSTIEG

Über das HSK-Thema "Leben in und an einem Gewässer";

SS-Beschreibungen von ihren Fischen im Aquarium oder Betrachtung von Fischen im Schulaquarium (falls vorhanden) bzw. von Dias;

ÜBERLEGUNGEN zur AUFGABE

- Rückgriff auf die beim Mischen von Blautönen erworbenen Kenntnisse;
- Themabezogene Erarbeitung:

  F i s c h :
  - Größe: blattfüllend
  - Aussehen: große Seitenflossen und Schwanzflosse, Körper mit großen Schuppen bedeckt; (vgl. TA)
  - Farbl. Gestaltung: ausschließliche Verwendung von Blautönen, dabei Flossen, Schuppen, Kopf und Körper verschiedenfarbig bemalen;
    Verwendung heller Farben gewährleistet das Abheben vom Hintergrund (vgl. TA);

  H i n t e r g r u n d : farbl. Gestaltung: Wasser dunkelblau, bei Verwendung der Naß-in-Naßtechnik können grüne Pflanzen hineingemalt werden;
- Kreative Gestaltung und Besprechung.

MÖGLICHE ALTERNATIVEN/BEMERKUNGEN/NOTIZEN

TA/SKIZZE

Goldfisch im Unterwassergarten

Unterwasserpflanzen: Naß in Naßtechnik - in das nasse Blau des Wassers mit Grün Pflanzen malen.

Fisch aus Buntpapier schneiden und auflegen.

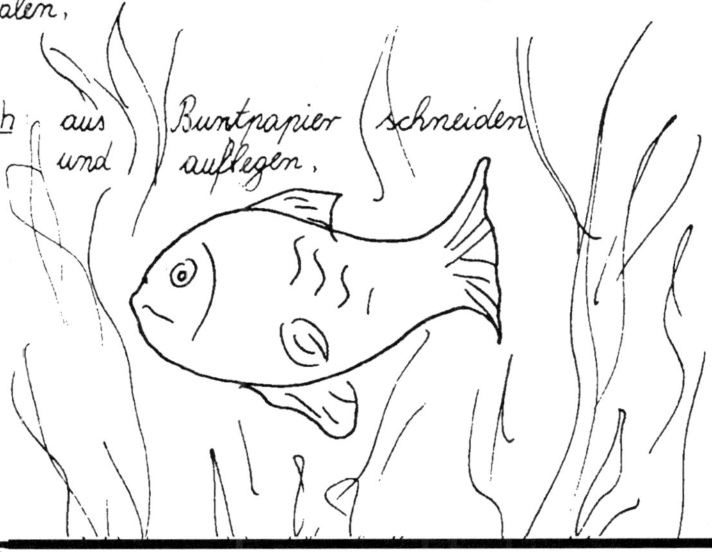

Blau und Orange bilden den stärksten Kontrast!

MALEN

LERNINHALT

Malen mit Wasserfarben -

Mit Farbkontrasten gestalten

THEMA

Goldfisch im Unterwassergarten

QUERVERBINDUNGEN

HSK: Leben im Gewässer

TECHNIK

Malen mit Wasserfarben
(Naß-in-Naßtechnik)

ARBEITSMITTEL

Deckfarben, Deckweiß, dicker Haarpinsel, Zeichenblatt DIN A3, verschiedenfarbiges Buntpapier Schere, Kleber

MÖGLICHER EINSTIEG

L-Erz.: Ein Fisch (keine Farbangaben) berichtet von seltsamen, grünen, dicht gewachsenen Unterwasserpflanzen, an denen er vorüberschwimmt.

ÜBERLEGUNGEN zur AUFGABE

- Gestaltung der Unterwasserpflanzen
  - Besprechung: Pflanzen ständig in Bewegung, nicht starr zeichnen;
    Technik: Naß-in-Naßtechnik: Blatt naß blau bemalen, in die noch nasse Farbe mit Grün Pflanzen malen;
  - Kreative Gestaltung der seltsamen Pflanzen, anschließend
  - Besprechung und Herausstellung gut gelungener Arbeiten;
- Fisch
  - Kinder schneiden aus Buntpapier einen Fisch aus und legen ihn an eine geeignete Stelle (durch Schieben des Fisches festzustellen);
  - Vergleich von Arbeiten mit verschiedenfarbigen Fischen;
    Erkenntnis:
    - Alle Fische mit anderer Farbe als die Pflanzen und das Wasser bilden einen Kontrast dazu;
    - Der gelbe Fisch bildet den stärksten Kontrast (orange).

MÖGLICHE ALTERNATIVEN/BEMERKUNGEN/NOTIZEN

TA/SKIZZE

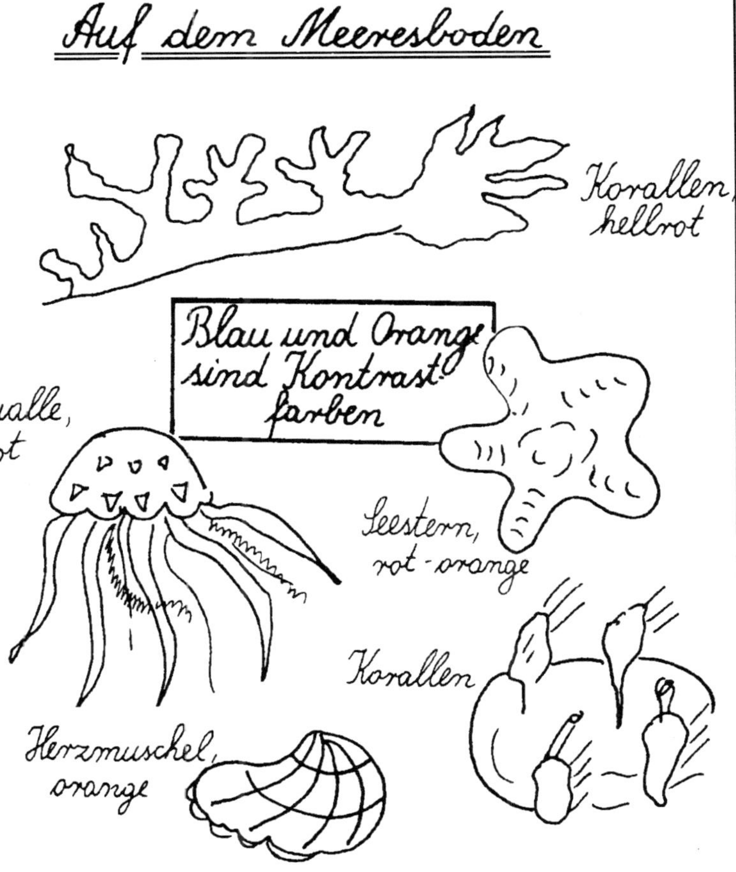

MALEN

LERNINHALT

Malen mit Wasserfarben -

Mit Farbkontrasten gestalten

THEMA

Auf dem Meeresboden

QUERVERBINDUNGEN

TECHNIK

Malen mit Deckfarben

ARBEITSMITTEL

Deckfarben, Deckweiß, Haarpinsel, Zeichenblatt DIN A3

MÖGLICHER EINSTIEG

L-Erz.: Taucher schwärmen von schönen Pflanzen, die sie auf dem Meeresgrund gesehen haben (Unterstützung durch Dias o. Bilder);

oder SS-Berichte von Ferien am Meer.

ÜBERLEGUNGEN zur AUFGABE

- Weiterführung des Themas "Der gelbe Fisch im Unterwassergarten"
  Wdhg.: Blau und Orange sind Kontrastfarben.
- Erarbeitung:
  - Arten der Pflanzen, die auf dem Meeresboden wachsen bzw. dort zu sehen sind (LSG): Korallen, Quallen, Muscheln, Seesterne
    (L skizziert die Lebewesen an der Tafel s.o.);
  - Farbigkeit der Pflanzen: Erarbeitung im LSG, Notation an TA;
  - Hinweis auf die Größe: Die Lebewesen sollen den Blattgrund ziemlich ausfüllen.
- Kreative Gestaltung:
  Hintergrund blau, Lebewesen in Gelb, Orange und hellem Rot.
- Besprechung hinsichtlich oben genannter Punkte.

MÖGLICHE ALTERNATIVEN/BEMERKUNGEN/NOTIZEN

TA/SKIZZE

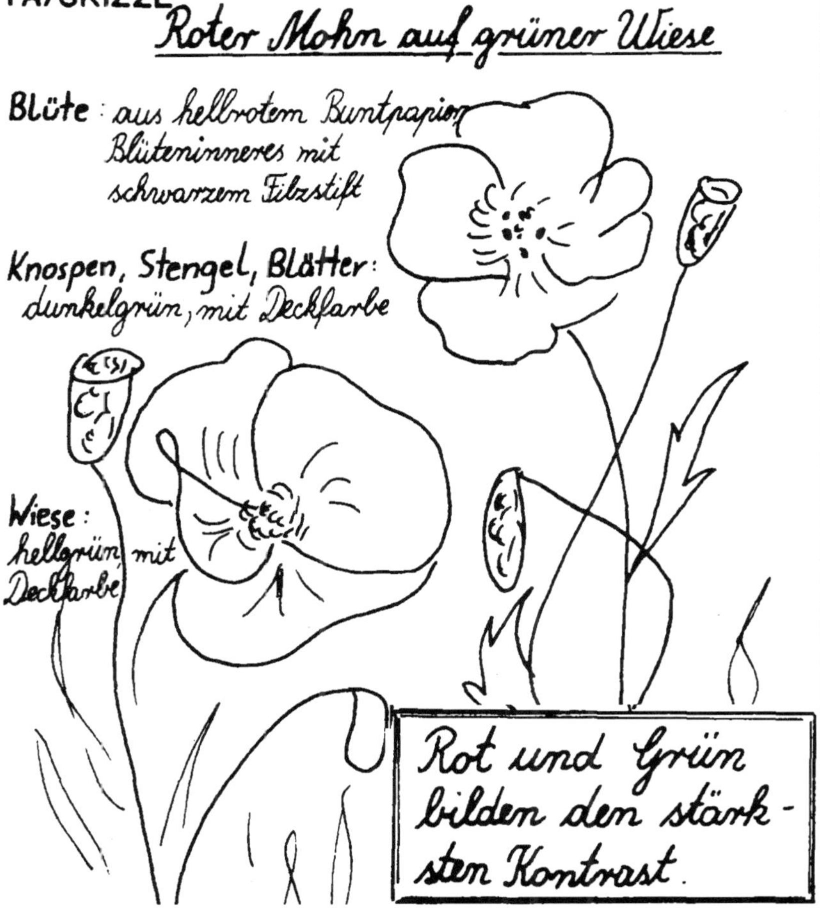

MALEN

LERNINHALT

Malen mit Wasserfarben -

Mit Farbkontrasten gestalten

THEMA

Roter Mohn auf grüner Wiese

QUERVERBINDUNGEN

HSK

TECHNIK

Malen mit Deckfarben

ARBEITSMITTEL

Deckfarben, Pinsel, Zeichenblock DIN A3, Buntpapier, Schere, Kleber

MÖGLICHER EINSTIEG

HSK: Wiesenblumen / Gartenblumen

Frühling / Sommer: Überall blüht es (evtl. mit Wanderung verbinden)

ÜBERLEGUNGEN zur AUFGABE

- Malen der Wiese (Hintergrund) mit hellem Grün (Lasieren);
- Erfahren der Kontrastwirkung (noch ohne Themabezug):
  - Schüler schneiden aus Buntpapier (beliebige Farbe) eine Blume im Großformat aus und legen sie auf die Wiese,
  - anschließend Vergleich von Arbeiten mit verschiedenfarbigen Blumen;

  Erkenntnis:
  - Alle Blumen mit einer anderen Farbe als die Wiese, bilden zu ihr einen Kontrast;
  - Rote Blumen bilden den stärksten Kontrast (TA);
- Gestaltung zum Thema:
  Betrachten von Mohnblumen in natura oder auf Bildern;
  Besprechung ihres Aussehens und der Art der Gestaltung (vgl. TA);
  Ausschneiden von Mohnblumen aus Buntpapier, aufkleben, Blüteninneres, Knospen, Stengel und Blätter gestalten (s. TA);
- Besprechung der fertigen Arbeiten.

MÖGLICHE ALTERNATIVEN/BEMERKUNGEN/NOTIZEN

TA/SKIZZE

Der Apfelbaum
Rot-Grünkontrast

MALEN

LERNINHALT

Malen mit Wasserfarben -

Mit Farbkontrasten gestalten

THEMA

Der Apfelbaum

QUERVERBINDUNGEN

HSK: Von der Blüte zur Frucht
Deutsch: Das Apfeljahr ...

TECHNIK

Malen mit Deckfarben

ARBEITSMITTEL

Deckfarben, Pinsel,
Zeichenpapier DIN A3

MÖGLICHER EINSTIEG

Herbstzeit / Reifen der Früchte

bzw. passende Lesestücke, z.B. "Die Apfelkantate"

ÜBERLEGUNGEN zur AUFGABE

Anknüpfung an das Thema: "Roter Mohn auf grüner Wiese";
Wdhg.: R o t und G r ü n sind K o n t r a s t f a r b e n .

Besprechung:
Größe und farbige Gestaltung (vgl. TA);

Anm.: Falls kleine unreife Äpfel zur Verfügung stehen, können die Äpfel auch auf den gemalten Baum gedruckt werden.
Dazu die Äpfel in der Mitte halbieren, mit roter Farbe dick einstreichen und abdrucken. Es kann auch eine Kartoffel in entsprechender Form zugeschnitten werden (s.a. DRUCKEN).

Kreatives Gestalten

Heraushebung besonders gut gelungener Arbeiten.

MÖGLICHE ALTERNATIVEN/BEMERKUNGEN/NOTIZEN

TA/SKIZZE

Batzi als Zaubervogel
(Mischübung zu Lila)

Rot und Blau ergibt Lila

Verwende nicht: Schwarz
Orange
Hellrot

MALEN

LERNINHALT

Malen mit Wasserfarben

Farben mischen, aufhellen, abdunkeln

THEMA

Batzi als Wundervogel - 1. Teil
Lilatöne - Mischübungen
2. Teil: Kontraste s.d.

QUERVERBINDUNGEN

Malen mit Deckfarben

TECHNIK

Malen mit Deckfarben

ARBEITSMITTEL

Deckfarben, Deckweiß, Pinsel.
Experimentierpapier

MÖGLICHER EINSTIEG

Bild vom Wundervogel - Namensfindung durch Schüler, z.B. Batzi.

L-Erz.: Batzi ist furchtbar traurig. Er möchte in den Zauberwald. Warum er dorthin möchte, hörst du gleich: Aufnahme von Vogelgezwitscher, z.B. "Les Oiseaux". Die Vögel dort sind alle verzaubert worden, sie haben alle ein lila Federkleid und lila Schwanzfedern. Du darfst Batzi helfen, ein so schönes Federkleid zu bekommen.

ÜBERLEGUNGEN zur AUFGABE

Wdhg.: Aufzählen bekannter Farbtöne -
Farben, die nicht im Malkasten sind, erhält man durch Mischen.

Vermutung: Lila erhält man aus Rot und Blau. (Evtl. durch freies Experimentieren erfahren).

Bestätigung: L legt auf OHP rote und blaue Folie übereinander,
ERKENNTNIS: Die Schnittfläche ist lila.

Experimentieren mit Orange und Hellrot bzw. Schwarz:
ERKENNTNIS: Zum Mischen von Lila eignet sich Karminrot am besten.
Schwarz und Rot ergibt nicht Lila.

Mischen verschiedener Lilatöne durch Erhöhen der Anteile an Blau bzw. Rot, bzw. Aufhellung mit Weiß.

Besprechung.

MÖGLICHE ALTERNATIVEN/BEMERKUNGEN/NOTIZEN

Weiterführung s. Aufgabe

TA/SKIZZE

Gelb und Lila sind Kontrastfarben.

MALEN

LERNINHALT

Malen mit Wasserfarben -

Farben mischen, Farbtöne abstimmen, mit Farbkontrasten gestalten

THEMA

Batzi als Wundervogel -
2. Teil: Farbkontraste
1. Teil: s. Aufg.

QUERVERBINDUNGEN

TECHNIK

Malen mit Deckfarben

ARBEITSMITTEL

Deckfarben, Deckweiß, Pinsel, Experimentierpapier, Zeichenblock DIN A3, versch. Kartonpapier

MÖGLICHER EINSTIEG

Erinnerung an Batzi, den Wundervogel, dessen Federkleid im Zauberwald lila wird. Weiterführung der L-Erz.: Im Zauberwald sind auch die Bäume in ihrer Farbe verzaubert. Sie tragen die Farbe, die sich von Lila am stärksten abhebt.

Wdhg.: Begriff 'Kontrastfarben' / Erinnerung an bereits bekannte Kontrastfarben: Rot-Grün / Blau-Orange

ÜBERLEGUNGEN zur AUFGABE

- Kennenlernen der Kontrastfarben: Lila - Gelb:
  GA: Jede Gruppe hat ein lila Plättchen und verschiedenfarbiges Kartonpapier. Durch Auflegen und Ausprobieren erfahren die Schüler: Lila hebt sich von Gelb am stärksten ab (TA).

- Erarbeitung der Gestaltung:
  - Batzi: halbfertiger Vogel an TA (Kopf und Beine), gemeinsame Ergänzung der fehlenden Teile (Körper, Federkleid, Schwanzfedern, Kopffedern) durch L an TA und SS mit Zauberfinger auf d. Tisch.
  - Hintergrund: gelb (verzauberter Wald)
  - Batzi (Größe und Farbe): blattfüllend, nur Lilatöne
    Erinnerung: Blau und Rot ergibt Lila; Querformat.

- Kreative Gestaltung: Batzi leicht mit Bleistift vorzeichnen.

- Besprechung, Würdigung gut gelungener Arbeiten.

MÖGLICHE ALTERNATIVEN/BEMERKUNGEN/NOTIZEN

Bem.: Während des Malens kann die Musik "Les Oiseaux" zugeschaltet werden.

SCHATTENSPIEL

Schatten- und Schemenfiguren sind Flachfiguren, die hinter einer Leinwand und vor einer Lichtquelle gespielt werden, so daß nur der Schatten der Figur auf der Vorderseite des Bildschirms sichtbar wird, die Figur selbst bleibt für den Zuschauer unsichtbar.
Haltestab oder Galgen (gebogener Draht) dienen zum Halten der Figur, Führungsstäbe können zur Bewegung einzelner Körperteile angebracht werden.

Die **Schattenspielfigur**

Sie ist aus völlig undurchlässigem Material, ihr Abbild erscheint auf der Leinwand schwarz. Die meist geschlossene Fläche erfordert eine Typisierung im Profil oder eine Auflockerung durch Perforation. Der Vorzug der Schattenspielfigur besteht in der klaren Form der Schattenrisse.

HERSTELLUNG:

Von einer Grundform aus Karton werden Teile weggeschnitten, andere Teile aus Kartonresten zugeschnitten oder zugerissen, angeklebt oder - falls sie beweglich sein sollen - mit Gelenken an der Grundform befestigt. Zur Konstruktion von Gelenken eignen sich Musterbeutelklammern (Schreibwarengeschäft) oder Gewindeschrauben mit zwei Muttern. Gliederung der Fläche kann durch Perforation (Durchlöchern) der Pappe erzielt werden.

Nach Fertigstellung muß die Grundform möglichst unsichtbar mit einer Holzleiste als Haltestab verbunden werden.

FÜHRUNG:

Die Figur mit dem Haltestab leicht an die Leinwand gedrückt. Führungsstäbe oder Zugfäden zum Bewegen einzelner Körperteile (Gelenke!) können zusätzlich angebracht werden. Wesentlich dabei ist das Auffinden von Zug- und Drehpunkt; um den Drehpunkt dreht sich das Teil, am Zugpunkt setzt die Kraft an.

SPIEL:

Da nur der Schatten der Figur sichtbar ist, werden Gestik und Bewegung am besten im Schattenbild ausprobiert und geübt. Die Figur ist eine ausgesprochene Profilfigur, wird sie um 180° gedreht, kann sie sich in die entgegengesetzte Richtung bewegen, dreht man sie um 90°, wird sie unsichtbar.
Entfernt sich eine Figur vom Bildschirm und nähert sich der Lichtquelle, wird sie größer und verschwommen. Diesen Effekt kann man gezielt einsetzen, z.B. beim Wachsen einer Figur, beim Vergrößern des Rachens usw.
Die Figur erfordert klar erkennbare, differenzierte Formen und deutliche, langsame, überzeichnete Bewegungen.

Die **Schemenspielfigur**

Sie besteht aus flächenhaftem, durchsichtigem Material (z.B. Tortenspitze aus Papier, Drahtgeflecht, Fliegendraht, Sackrupfen, Tüll, Spitzen, Obstnetzen, Gardinen) oder durchscheinendem Material (z.B. farbige Folie, farbiges Seidenpapier, Pergamin (Drachenpapier), farbige Plastikfolie (Tragetaschen).

HERSTELLUNG:

Nötig für die Spielbarkeit ist ein festes Grundgerüst. Dafür gibt es mehrere Möglichkeiten:

1. Grundgestell aus Drahtgeflecht (Kükendraht), das mit einer Drahtzange zugeschnitten wird;
   Einzelteile werden aufgeklebt oder angenäht.
2. Grundgestell gebogen aus festem Draht,
   Innenform wird mit Materialien bespannt.
3. Grundgestell aus Pappfläche, aus der Teile geschnitten wurden,
   Öffnungen werden mit Material hinterklebt.

FÜHRUNG:

Befestigung der Grundfigur an einem Galgen (starker, gebogener Draht). Es können auch Teile mit Gelenken (s.v.) versehen werden, so daß sie beim Bewegen des Galgens frei schlenkern oder mit einem Führungsdraht bewegt werden können.

SPIEL:

Der Reiz der Schemenspielfigur liegt in ihren Farben und Strukturen. Sie kanr im Gegensatz zur Schattenspielfigur auch von vorne gestaltet und gespielt werden.

Schattenspiel übt Zauber und Faszination auf die Zuschauer aus. Besonders geeignet sind daher phantastische und märchenhafte Geschehnisse.
Das Spiel kann durch akustische Effekte (Musik, Sprache) ergänzt werden.

Menschenschattenspiel

Ihm liegt eine ähnliche Spielauffassung zugrunde. Die Schatten der Spieler erscheinen dabei in Lebensgröße auf der Leinwand.

TA/SKIZZE

Schattenspiel

Das mußt du beachten:

1) Rücke möglichst dicht an die Leinwand!
2) Bewege dich seitlich, damit dein Gesicht erkennbar wird!
3) Bewege dich deutlich!
4) Achte auf die Haltung deines Körpers und deiner Hände!

SCHATTENSPIEL

LERNINHALT

Schattenspiel mit dem eigenen Körper

THEMA

Wir spielen mit unserem eigenen Schatten

QUERVERBINDUNGEN

Musik: Bewegung nach Musik

TECHNIK

Schattenspiel

ARBEITSMITTEL

Kartenständer, Leintuch,
Dia- oder Tageslichtprojektor

MÖGLICHER EINSTIEG

Lehrer spielt mit seinen Fingern kurze Szene über dem Tageslichtprojektor als Schattenwerfer vor.

ÜBERLEGUNGEN zur AUFGABE

1. Vorbereitungen zum Schattenspiel:

   - Spannen des Leintuchs zwischen zwei Kartenständern oder Wänden (Stab am unteren Saum bewirkt straffe Spannung);
   - Aufstellen von Dia- oder Tageslichtprojektor hinter Leinwand (trichterförmige Abschirmung der Lichtquelle bewirkt dunkle Schatten und klare Umrisse).

2. Ausprobieren des Spiels:

   Jeder Schüler darf sich hinter der Leinwand bewegen, die Beobachter vor der Leinwand sagen, ob er richtig spielt.

   Erfahrungen:
   - dichtes Rücken an Leinwand bewirkt klare Umrisse;
   - nur in seitlicher Stellung ist das Profil erkennbar;
   - Bewegungen müssen langsam und deutlich ausgeführt werden.

MÖGLICHE ALTERNATIVEN/BEMERKUNGEN/NOTIZEN

BEOBACHTUNGSKRITERIEN: Körper- und Handhaltung, Klarheit der Bewegung, Ablauf der Tätigkeiten.

TA/SKIZZE	SCHATTENSPIEL
Was bin ich? Berufe raten (Schattenspiel) Berufe: Frisör, Bäcker, Maurer, ... Tänzerin, Maler, Sängerin, ... Lehrer, Arzt, Pfarrer ...	**LERNINHALT** Schattenspiel mit dem eigenen Körper (Fortsetzung) **THEMA** **Was bin ich?** (Berufe raten) (PA oder GA) **QUERVERBINDUNGEN** Heimat- und Sachkunde: Arbeit eines Handwerkers **TECHNIK** Schattenspiel **ARBEITSMITTEL** Kartenständer, Leintuch, Dia- oder Tageslichtprojektor, je nach Beruf typisierende Gegenstände

MÖGLICHER EINSTIEG

- Im Anschluß an den HSK-Unterricht: Arbeit eines Handwerkers

  oder

- Bezug zur Fernsehsendung: "Was bin ich?" mit ROBERT LEMBKE

ÜBERLEGUNGEN zur AUFGABE

- Brainstorming über mögliche Berufe (TA), anschließend Überprüfung hinsichtlich eindrucksvoller, unterhaltsamer Spielbarkeit (lustige Einfälle sichern das Gelingen);
- Überlegen in PA bzgl. der Darstellung des ausgewählten Berufs;
- Proben in PA (einer spielt, der andere beobachtet und verbessert);
- Aufführung, Rest der Klasse rät.

B e i s p i e l : Angler

Aufstellen des Klappstuhls - Ablegen der Angel - Öffnen der Wurmbüchse (Schnurstückchen) - Anhängen des Köders an den Haken - Schwingen der Angelrute - geduldiges Warten - heftige Spannung an der Leine - Einholen der Leine - Hochziehen eines triefenden Stiefels.

MÖGLICHE ALTERNATIVEN/BEMERKUNGEN/NOTIZEN

Alt.: Lustige Kasperszenen

TA/SKIZZE

Der Nußknacker

(Schattenspiel nach der Musik v. P. Tschaikowski)

Nußknacker: Mütze mit Pelzbesatz,
steife Haltung

Zuckerprinzessin: Spitzenkleid, Zuckerstangen,
zierliches, tänzerisches Bewegen

Soldaten: Stiefel, Schwert,
Marsch im Gleichschritt

Mäuse: Ohren aus Pappe, Schwanz,
huschendes Trippeln

SCHATTENSPIEL

LERNINHALT

Schattenspiel mit dem eigenen Körper

(Fortsetzung mit erhöhtem Schwierigkeitsgrad)

THEMA

Der Nußknacker

(Gemeinschaftsarbeit)

QUERVERBINDUNGEN

Musik: Anhören der Musik "Der Nußknacker" (Tschaikowski)
Deutsch: Lesen

TECHNIK

Schattenspiel

ARBEITSMITTEL

Kartenständer, Leintuch, Dia- oder Tageslichtprojektor, die einzelnen Rollen typisierende Kleidung und Gegenstände

MÖGLICHER EINSTIEG

Über die Musik, mögl. Anlaß: Aufführung bei einer Weihnachtsfeier der Schule.

ÜBERLEGUNGEN zur AUFGABE

1. Vorüberlegungen: - Herausfinden der zur Darstellung nötigen Rollen;
   - Besetzung der Rollen mit Schülern (alle SS!) (TA);
2. Ausprobieren im Schattenspiel:

   a) Typisierung durch Kleider (TA)
   Erfahrung: Farben sind kein Mittel zur Darstellung;
   durchsichtige, abstehende Kleidung ist gut geeignet.

   b) Haltung:
   - seitliche Stellung um Profil zu erkennen;
   - deutliches Ausführen der Bewegungen (TA).

   SS, die nicht an der Rolle proben, dienen als Beobachter und Kritiker.

3. Spiel mit Hintergrundmusik (Schnitt) und einem Schüler als Erzähler.
4. Aufführung vor anderen Klassen, Eltern, Weihnachtsfeier ...

MÖGLICHE ALTERNATIVEN/BEMERKUNGEN/NOTIZEN

Märchen mit möglichst vielen Rollen, um alle Schüler einsetzen zu können.
Wegen des größeren Aufwands empfiehlt sich ein Üben der Bewegungen im Rahmen des Sportunterrichts (Körperschulung).

TA/SKIZZE

Die Schattenspielfigur

1) Reißen von Körperteilen:

2) Zusammensetzen:

3) Stab befestigen:

(Rückseite!)

SCHATTENSPIEL

LERNINHALT

Schattenspiel mit Figuren (Schattenspielfigur - Einführung)

THEMA

Wir basteln eine Schattenspielfigur

QUERVERBINDUNGEN

TECHNIK

Schattenspiel

ARBEITSMITTEL

Zeitungspapier, Klebstoff, Regenschirmspeiche (Stab), Klettenband, Leintuch, Dia- oder Tageslichtprojektor

MÖGLICHER EINSTIEG

Rückgriff auf die im Menschenschattenspiel gemachten Erfahrungen:

- Spiel hinter einer Leinwand und vor einer Lichtquelle;
- dichtes Spielen an der Leinwand bewirkt scharfe Konturen;
- langsam, deutliche Bewegungen.

ÜBERLEGUNGEN zur AUFGABE

1. Herstellen einer einfachen Schattenfigur

   a) Ohne Vorzeichnen werden Körperteile aus Zeitungspapier gerissen;
   b) Die Teile werden zu einer Figur zusammengesetzt;
   c) Das Klettenband wird an die Regenschirmspeiche genäht und an einen Teil der Figur geklebt - anschließend angedrückt;

2. Erprobungsphase zur Schattenfigur und ihren Möglichkeiten; Experimentierendes Spielen.

Über diesen Einstieg lassen sich Ideen für die Gestaltung der Figuren und mögliche Spielhandlungen finden.

MÖGLICHE ALTERNATIVEN/BEMERKUNGEN/NOTIZEN

Schattenspiel-
figuren
(aus: Puppen &
Theater
von K. Schreiner)

TA/SKIZZE

Am Schulbus

(Schattenspiel mit Figuren)

Die Herstellung:

1) Grundform:

2) Wegschneiden von Teilen:

3) Teile aus Kartonresten schneiden:

4) Zusammensetzen der Teile:

5) Haltestab anbringen

SCHATTENSPIEL

LERNINHALT

Schattenspiel mit Figuren
(Schattenspielfigur - Fortsetzung)

THEMA

Am Schulbus

QUERVERBINDUNGEN

evtl. Behandlung des Themas im Rahmen eines Sicherheitstages

TECHNIK

Schattenspiel

ARBEITSMITTEL

Pappe (Graupappe, Plakatkarton), Schere, Klebstoff, Haltestab (Holzleiste), Leintuch, Projektor

MÖGLICHER EINSTIEG

Aufgreifen einer Szene, die am Schulbus passiert ist;

Rückgriff auf die in der letzten Stunde gemachten Erfahrungen.

ÜBERLEGUNGEN zur AUFGABE

1. Herstellen der Figuren:
   a) Anfertigen einer Grundform, von der Teile weggeschnitten werden und andere (aus Kartonresten zugeschnitten) angeklebt werden.
   b) Erstes Überprüfen an der Leinwand, evtl. Korrektur, Gliederung der Fläche kann durch Perforation der Pappe erreicht werden.
   c) Möglichst unsichtbares Verbinden der Grundform mit dem Haltestab (geschickte Schüler können zusätzlich ein Gelenk einbauen und somit die Beweglichkeit der Figur erhöhen);
2. Spiel:
   a) Üben der Bewegung im Schattenbild;
   b) Ausdenken einer lustigen Szene (evtl. in PA oder GA);
   c) Aufführung.

MÖGLICHE ALTERNATIVEN/BEMERKUNGEN/NOTIZEN

Alt. Themen: "In der Pause", "Türen zuschlagen".

TA/SKIZZE	SCHATTENSPIEL
	LERNINHALT Schattenspiel mit Figuren (Schemenspielfigur - Einführung)
	THEMA **Wir basteln eine Schemenspielfigur**
	QUERVERBINDUNGEN
	TECHNIK Schattenspiel
	ARBEITSMITTEL Pappe, Schere, Kleber, durchscheinende u. durchsichtige Materialien, Draht, Leintuch, Projektor

MÖGLICHER EINSTIEG

Vorzeigen einer Schemenspielfigur, Aufführung einer kurzen Szene durch den Lehrer.

ÜBERLEGUNGEN zur AUFGABE

1. Freies Experimentieren mit den Materialien (s. Vorbemerk.) im Schattenbild (Materialien können von Schülern selbst mitgebracht werden);
2. Herstellung
   a) Grundgestell: Aus Pappfläche werden Teile herausgeschnitten und die Öffnungen mit durchscheinenden oder -sichtigen Materialien hinterklebt (Wirkung ähnlich den St.Martinslaternen);
   b) Galgen: Aus festem Draht, da ein Haltestab zu sichtbar wäre;
3. Ausprobieren von Gestik und Bewegung im Schattenbild (ausdrucksstarkes Gestikulieren möglich durch freies Schlenkern von Körperteilen beim Bewegen des Galgens);
4. Freies Spiel mit der Figur
   (Mitschüler dienen als Beobachter und positive Kritiker).

MÖGLICHE ALTERNATIVEN/BEMERKUNGEN/NOTIZEN

Schemenspielfiguren (aus: Puppen & Theater von K. Schreiner)

Szene aus einem Schattenspiel

(aus: Puppen & Theater von K. Schreiner)

TA/SKIZZE	SCHATTENSPIEL
Heut' ist große Zirkusvorstellung (*Schattenspiel*) *Mögliche Personen und Tiere:* Zirkusdirektor, Clowns, Seiltänzer, Jongleure, Turner, Tierbändiger, Zauberer, Messerstecher ... Pferde, Elefanten, Hunde, Tauben Löwen, Tiger ...	**LERNINHALT** Schattenspiel mit Schatten- und Schemenfiguren (Fortsetzung) **THEMA** Zirkusvorstellung **QUERVERBINDUNGEN** **TECHNIK** Schattenspiel **ARBEITSMITTEL** Pappe, Schere, Klebstoff, Draht, durchscheinende und -sichtige Materialien, Leintuch, Projektor

MÖGLICHER EINSTIEG

Lehrer gibt bekannt: "Heut ist große Zirkusvorstellung".

ÜBERLEGUNGEN zur AUFGABE

1. Brainstorming: Mögliche Zirkuskünstler (TA).
2. Herstellung von Zirkusfiguren als Schatten- oder Schemenfigur (s.v.)
3. Aufbau der Bühne (Leinwand, Projektor, evtl. Schmuck anbringen);
4. Einstudieren der Rollen
   - Überprüfen der Gestalt der Figur im Schattenbild;
   - Ausprobieren der Bewegung im Schattenbild;
   - Üben der Zirkuskünste;
5. Vorführung
   Zirkusdirektor sagt die Nummern an, Tusch, Aufführung, Applaus;
6. Einladung anderer Klassen, Eltern usw.

MÖGLICHE ALTERNATIVEN/BEMERKUNGEN/NOTIZEN

Heut ist große Zirkusvorstellung (Schementierfiguren)
(aus: Puppen & Theater von K. Schreiner)

BILDBETRACHTUNG

Bild- und Werkbetrachtung sind nicht vom Lebensalter abhängig. Zwar bestehen Unterschiede in Quantität und Qualität, in Zugangsmöglichkeiten und im Erfassen, doch Angerührtsein und Begegnung können schon vom Grundschüler erwartet werden.
Möglich sind zum Beispiel:

- Angaben zum dargestellten Inhalt / Titel;
- Angaben zu Verfahren und Technik;
- Angaben zur formalen Ausführung (Formen, Farben, Bewegungen);
- Angaben zum Künstler und zur Geschichte des Werkes;
- Versuche, Zusammenhänge zwischen Form und Inhalt herzustellen (z.B. warum in der Mitte, warum so groß, warum in dieser Farbe?)

Besitzt der Lehrer nicht genügend eigene Kenntnisse, kann er sich von einem Fachmann beraten lassen oder in einschlägigen Lexika nachlesen.

Als methodische Form bietet sich am besten das Fragenstellen der Schüler an. Vorträge langweilen oder überfordern, Hineinsehen der Schüler dagegen macht sie für das Kunstwerk aufgeschlossen.

Bei der Auswahl der Werke (insbesondere bei Bauwerken und Plastiken) sollten direkt erfahrbare in den Vordergrund rücken. Reproduktionen bei Bildern sollten in jeder Schule zur Verfügung stehen.

Grundsätzlich kann jedes Werk betrachtet werden, Kindern verschließt sich kein Stil.

Als weiterführende Arbeit bieten sich eigene, anlehnende Gestaltung wie auch das Sammeln und Aufsuchen ähnlicher Werke anderer Künstler bzw. weiterer Werke des gleichen Künstlers an.

WICHTIGER HINWEIS!

Die zur Bildbetrachtung notwendigen Kunstkarten für eine Partner- bzw. Gruppenarbeit erhalten Sie ab 5 Stück je Kunstkarte bei der

pb-Bücherstube, Bodenseestr. 11, 8000 München 60

TA/SKIZZE

Hirtenknabe
(Franz von Lenbach)

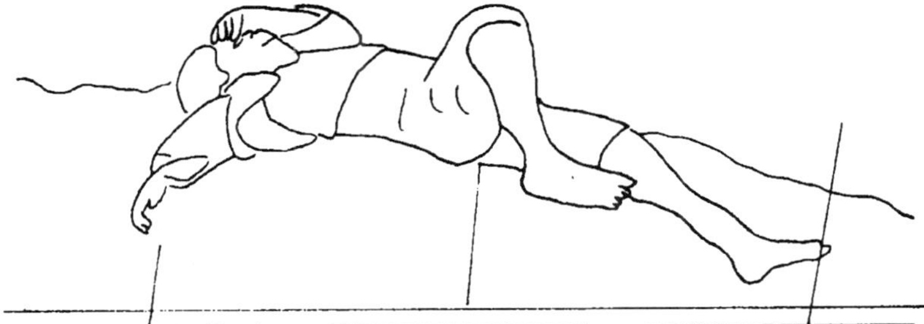

Vordergrund	Motiv	Hintergrund
Hügel, dunkelbraun, mit Gras und Blumen bewachsen	Hirtenknabe, nackte Arme und Beine, weißes Hemd, rote Jacke, Lederhose, Hand vor den Augen	Himmel, kräftig blau, Schmetterlinge

Das Bild erinnert uns an:
Natur, Sonne, Sommer, Wärme, Ruhe, Nichtstun, Zufriedenheit, ...

Das Bild sieht fast aus wie ein Foto.

BILDBETRACHTUNG

LERNINHALT

Betrachtung von Kunstwerken

THEMA

Wir betrachten das Bild "Hirtenknabe"

(FRANZ von LENBACH)

QUERVERBINDUNGEN

Deutsch, mdl. Sprachgebrauch

TECHNIK

ARBEITSMITTEL

Druck des Gemäldes (Großformat); für die Eigenproduktion der SS: Deckfarben, Deckweiß, Pinsel, Papier

MÖGLICHER EINSTIEG

Wochenenderzählungen (Sommer, Sonne, Faulenzen)

ÜBERLEGUNGEN zur AUFGABE

I. REFLEXION

1. Stilles Betrachten - Finden eines Titels für das Gemälde (TA);
2. Bildinhalt:
   - Kräftig blauer Himmel, dunkelbrauner, mit Gras und Blumen bewachsener Hügel; Junge: Kleidung, nackte Arme und Beine, Hand vor Augen;
   - Realistische Darstellung, Bild könnte ein Foto sein;
   - Das Bild weckt in uns Gedanken (TA);
3. Malweise:
   Kräftige, dunkle Farben; Junge als Hauptmotiv hebt sich durch hellere Stellen ab (nackte Körperteile, weißes Hemd, rote Jacke);

II. PRODUKTION

Eigene Gestaltungsversuche, für das Malen des Knaben kann ein Kind kurzzeitig Modell stehen (angezogenes Bein, Hand auf Stirn);

III. BESPRECHUNG bzgl. Darstellungsform und Malweise.

MÖGLICHE ALTERNATIVEN/BEMERKUNGEN/NOTIZEN

FRANZ von LENBACH (1836 - 1904): Das Bildmotiv entstand während LENBACHS erster Italienreise 1859/60. Kräftige Farbigkeit verbindet sich mit einem ausgeprägten Naturalismus.

Der Hirtenknabe (FRANZ v. LENBACH)

TA/SKIZZE	BILDBETRACHTUNG
Wir betrachten das Bild „Kinderspiele" von Pieter Brueghel • **Bildinhalt:** Spiele mit natürlichem Material: Reifen, Fässer, Baumstämme, Steine .... Spiele ohne Material: Hüpfspiele, Tanzspiele, Laufspiele, Raufereien • **Malweise:** kräftige Farben, Darstellung vieler Einzelheiten	LERNINHALT Betrachtung von Kunstwerken THEMA **Wir betrachten das Bilc "Kinderspiele"** (PIETER BRUEGHEL) QUERVERBINDUNGEN Deutsch: mdl. Sprachgebrauch TECHNIK ARBEITSMITTEL Druck des Gemäldes (Großformat); zur Eigenprodukt. der SS: Deckfarben, -weiß, Pinsel, Zeichenblock

MÖGLICHER EINSTIEG

Anknüpfung an Spiele in der Pause, Pausenerlebnisse

ÜBERLEGUNGEN zur AUFGABE

I. REFLEXION

1. Stilles Betrachten - Finden eines Titels (TA);
2. Bildinhalt:
   Spiele mit Material (alt, natürlich)
   Spiele ohne Material (TA)
   Vergleich: Damals - Heute
3. Malweise: detailfreudige, minutiöse Darstellung; kräftige Farben;

II. PRODUKTION:
Eigene Gestaltungsversuche unter Auswahl einer Szene oder Kinder, wie sie heute spielen.

Forts.: Sammeln von Werken des gleichen Künstlers, z.B. "Große Fische fressen die Kleinen" oder "Sprichwörter".

MÖGLICHE ALTERNATIVEN/BEMERKUNGEN/NOTIZEN

BRUEGHEL malte bereits in der Frühzeit didaktische und moralisierende Themen, zu denen auch die "Kinderspiele" gehören. Das scheinbar harmlose Kinderspiel ist in Wirklichkeit Unruhe, absurdes Tun der Menschheit. (P. BRUEGHEL, 1528-1569).

Pieter Brueghel "Kinderspiele" (Ausschnitt)

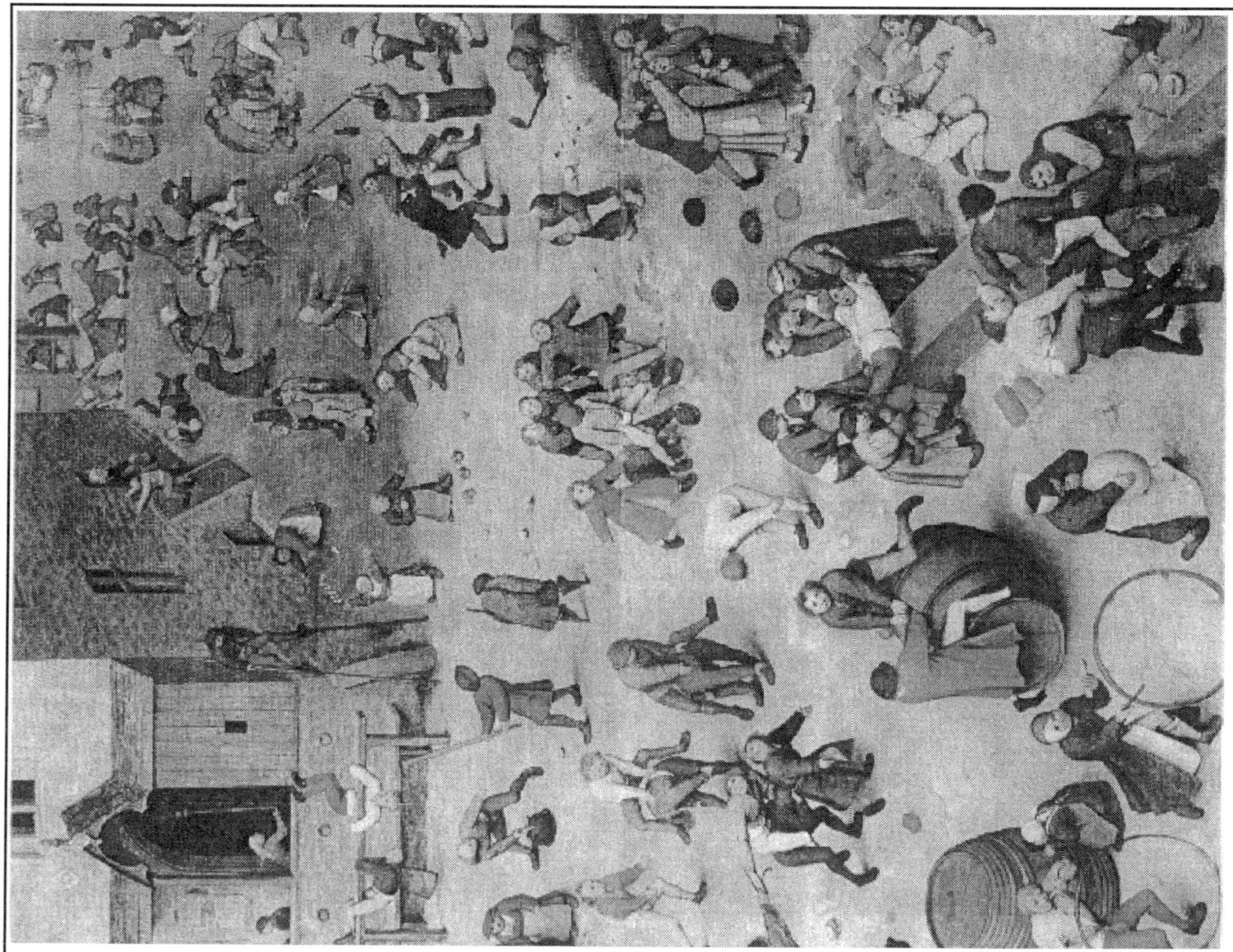

Pieter Brueghel "Kinderspiel" (Ausschnitt)

TA/SKIZZE

Wir betrachten das Bild

„Auf der Mohnwiese"

(Heide Dahl)

Bildinhalt		Malweise
Himmel	:	verschwimmend, blau-weiß
Wald	:	verschwimmend, dunkelgrüne Mischfarben
Wiese	:	verschwimmend, hellgrün mit Weiß aufgehellt
Blumen	:	getupft, weiß und rot
Personen	:	weiße, duftig wirkende Kleidung

Bei dem Bild denke ich an:

Sonne, Sommer, Blumenduft, farbige Wiesen, Freude, Sonntagsspaziergang, frische Luft, Freizeit, Schönheit...

Solche Wiesen sind heute selten.

BILDBETRACHTUNG

LERNINHALT

Betrachtung von Kunstwerken

THEMA

Wir betrachten das Bild "Auf der Mohnwiese"

QUERVERBINDUNGEN

Deutsch: mdl. Sprachgebrauch

TECHNIK

ARBEITSMITTEL

Druck des Gemäldes (Großformat); zur Eigenprod.: Deckfarben, -weiß, Pinsel, Zeichenblock

MÖGLICHER EINSTIEG

Betrachtung eines Blumengartens

ÜBERLEGUNGEN zur AUFGABE

I. REFLEXION

1. Bildinhalt: (vgl. TA)
   - Mutter mit drei kleinen Kindern (junge Mutter - hübsche Kleidung - gehen spazieren - pflücken Blumen)
   - stark blühende Wiese, jedoch Mohnblumen nicht erkennbar (Bildtitel!)
   - mit dem Bild verbundene Gedanken: Sonne, Duft ... (vgl. TA)
2. Malweise:
   - Himmel: verschwimmende blaue und weiße Farben (Himmel hat keine scharfen Konturen);
   - Bäume: verschwimmende dkl.grüne Mischfarben (Darstell. d. Hintergrunds);
   - Wiese: verschwimmend hellgrün, mit Deckweiß aufgehellt, Blumen in getupfter Malweise (weiß und rot);
   - Personen: in Weiß gehalten (duftige Wirkung der Kleidung), hier allein sind schärfere Konturen zu erkennen.

II. PRODUKTION: Eigene Gestaltungsversuche.

MÖGLICHE ALTERNATIVEN/BEMERKUNGEN/NOTIZEN

Auf der Mohnwiese (HEIDE DAHL)

TA/SKIZZE

Wir betrachten das Bild

„Kleines Mädchen mit Vogel"

(Agnes Sander - Plump)

Mädchen : lächelt, schaut freundlich,

streichelt den Vogel in seiner Hand,

großflächig dargestellt, keine scharfen Konturen

Vogel : nur ungenau erkennbar

Bei dem Bild denke ich an :

weiches Gefieder, Natur, Liebe, Wärme, Vogel in Not (Hunger, Flugunfähigkeit ....)

BILDBETRACHTUNG

LERNINHALT

Betrachtung von Kunstwerken

THEMA

Wir betrachten das Bild "Kleines Mädchen mit Vogel"
(AGNES SANDER-PLUMP)

QUERVERBINDUNGEN

evtl. HSK: Thema Vögel

TECHNIK

ARBEITSMITTEL

Druck des Gemäldes (Großformat); zur Eigenprod.: Deckfarben, Deckweiß, Pinsel, Zeichenblock

MÖGLICHER EINSTIEG

evtl. passende L-Erz.

ÜBERLEGUNGEN zur AUFGABE

I. REFLEXION

1. Stilles Betrachten - Finden eines Titels (TA);
2. Bildinhalt:
   - Mädchen, in freier Natur, hält Vogel in Hand, lächelt, streichelt sein Gefieder.
   - Vermutungen der Schüler:
     Vogel ist krank, aus dem Nest gefallen, kann nicht fliegen; Kind streichelt den Vogel, freut sich über seine Schönheit, sein weiches Gefieder.
3. Malweise:
   Hintergrund: verschiedene Grüntöne
   keine minutiöse Darstellung - verschwimmende Übergänge der Farben.

II. PRODUKTION: Eigene Gestaltungsversuche.

MÖGLICHE ALTERNATIVEN/BEMERKUNGEN/NOTIZEN

"Kleines Mädchen mit Vogel" (1888)

Kleines Mädchen mit Vogel (A. SANDER- PLUMP)

Zeitliche Planung

Monat	Tag	Thema	Tag	Thema
....				
....				
....				

UNTERRICHTSPRAXIS

Christine Ferber

Neue Ideen zur Textilarbeit

3./4. Jahrgangsstufe

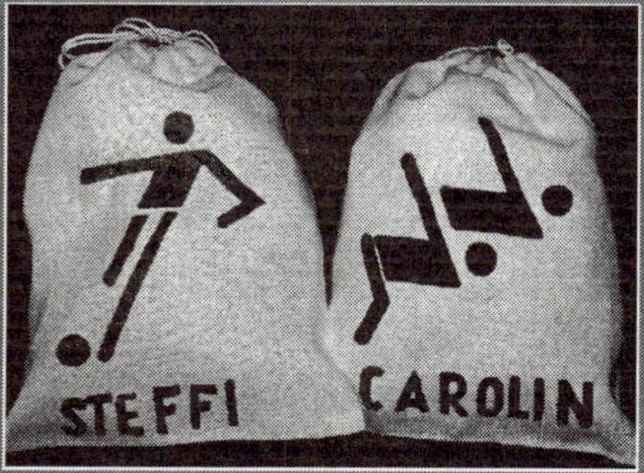

• ANREGUNGEN • SCHABLONEN
• SCHÜLERERLEBNISSE

Inhaltsverzeichnis